Schweizerische Rechtsprechung und Rechtswissenschaft

Rektoratsreden

gehalten am 29. April 1912 und 1913
an der Universität Zürich

von

Dr. A. Egger

o. Professor für schweizerisches Privatrecht

Springer-Verlag Berlin Heidelberg GmbH 1913

ISBN 978-3-662-31877-5 ISBN 978-3-662-32704-3 (eBook)
DOI 10.1007/978-3-662-32704-3

I. Zivilgesetzbuch und Rechtsprechung.

II. Zivilgesetzbuch und Rechtswissenschaft.

Dem Richter kommt somit ausschließlich die Aufgabe der Rechtsanwendung zu. Er ist nach Montesquieu nur der Mund, durch den der Gesetzgeber spricht, eine Ausführungsmaschine, ein Spruchautomat. Er hat nur die Fälle, die ihm vorgelegt werden, dem Gesetz zu subsumieren. Dabei kann allerdings eine ausdrückliche Gesetzesbestimmung fehlen. Dann aber hat er die erforderlichen Sätze aus dem Gesetz heraus zu gewinnen. Dies geschieht durch logische Operationen. Der Jurist verfährt, wie schon Leibniz sagt, more mathematico. Und Savigny gebraucht das berühmt gewordene Bild vom Geometer. Wie für diesen durch zwei Seiten und den eingeschlossenen Winkel alle Elemente des Dreieckes gegeben sind, so muß auch der Richter mit den ihm gegebenen Elementen des Rechtes operieren. Er treibt Begriffsmathematik.

Diese Lehre hat vor allem deshalb durch ein Jahrhundert die volle Herrschaft ausgeübt, weil sie dem Postulate der Gewaltentrennung und damit einer festesten Grundlage des modernen Rechtsstaates auf das vollkommenste zu entsprechen schien. Die Rechtsschaffung liegt beim Gesetzgeber. Dem Richter verbleibt nur die Rechtsanwendung. Die Lehre schien aber auch eine Gewähr für eine zeitgemäße moderne Rechtsprechung zu bieten. Denn sie versprach die Affektlosigkeit, die Unbefangenheit und Unparteilichkeit des Richters. Für sein individuelles Fühlen bleibt kein Raum mehr. Der Richter ist, wieder nach dem Begründer der Lehre von der Gewaltentrennung, ein être inanimé. Und das zweite Ideal, das auf diese Weise zu erreichen erhofft wurde, ist die Sicherheit der Rechtsprechung, die Voraussehbarkeit der Entscheidungen.

So die Lehre, aber anders das Leben. Jene mathematische Sicherheit des Verfahrens, die sichere Voraussehbarkeit der Ergebnisse stellte sich nicht ein. Im Gegenteil. Die Logik konnte ihre krausen Wege gehen. Was mochte dabei herausspringen! Manches Urteil mochte auch von bewunderungswürdigem Scharfsinn zeugen, aber im Ergebnis konnte es ein völlig verfehltes sein, unpraktisch, weltfremd, ungerecht. Wenn es aber den Anforderungen des Lebens und der Billigkeit entsprach, dann war dem nicht so dank des aufgewandten Scharfsinns, sondern oft genug trotz desselben. Es mochte sich wohl ereignen, daß, dem Richter unbewußt und von ihm selbst nicht eingestanden, Zweckmäßigkeits- und Billigkeitserwägungen und -empfindungen doch von ausschlaggebender Bedeutung für das Urteil geworden waren. So war es denn nichts mit der Voraussehbarkeit und auch jene Neutralisierung, die in der ausschließlich logischen Betätigung des Richters liegen sollte, war eine Selbsttäuschung und eine Verkennung der tatsächlichen Vorgänge.

Mit dieser Kritik setzt die neue Schule, die Freirechtsbewegung, ein, die in Deutschland und Frankreich zu einer immer noch anschwellenden umfangreichen Literatur geführt hat. Sie beschuldigt die ältere Richtung des Formalismus, des Buchstabenkultus, der Überschätzung der Logik und der Unterschätzung des Rechtsgefühls. Sie verpönt die begrifflich-konstruktive Auslegungsmethode und will sie durch eine freiere und praktischere ersetzt wissen. An die Stelle der Begriffsjurisprudenz sollen Zweckmäßigkeits- und Billigkeitserwägungen treten. So ist schon das Gesetz selbst in abwertender Beurteilung auszulegen. Vollends aber darf auch in das Gesetz nicht mehr hineingelegt werden, als darin steht. Darüber hinaus soll der Richter das Recht durch eigene Rechtsschöpfung schaffen. Es fehlt aber auch nicht an Stimmen, die unter bestimmten Voraussetzungen den Richter nicht mehr an das Gesetz gebunden erachten und ihm die Freiheit einräumen wollen, contra legem zu entscheiden.

Ausgangspunkt dieser jüngeren Lehre ist die Annahme von der Lückenhaftigkeit aller positiven Rechtsordnung. Diese läßt es als ungerechtfertigt und gefährlich erscheinen, den Richter ausschließlich auf die Gesetzesanwendung zu verweisen und ihn zwingen zu wollen,

Lösungen aus dem Gesetz herauszukonstruieren für Fälle, für die es nun einmal keine Lösung bietet.

Bei dieser Kritik beruft sie sich auf Art. 1 des ZGB., die berühmteste und meist angerufene Bestimmung des ganzen Gesetzbuches. Abs. 1 und 2 lauten:

„Das Gesetz findet auf alle Rechtsfragen Anwendung, für die es nach Wortlaut oder Auslegung eine Bestimmung enthält.

Kann dem Gesetze keine Vorschrift entnommen werden, so soll der Richter nach Gewohnheitsrecht und wo auch ein solches fehlt, nach der Regel entscheiden, die er als Gesetzgeber aufstellen würde.“

Danach hat der Richter zuerst das Gesetz anzuwenden. Daran ist er gebunden. Das Gesetz verpönt jede Rechtsprechung contra legen. Dabei geht es auch keineswegs an, die Gebundenheit des Richters auf den Wortlaut des Gesetzes zu beschränken und ihm darüber hinaus schon die eigene Rechtsfindung einzuräumen. Vielmehr muß der Richter das Gesetz auf alle Rechtsfragen anwenden, für die es nach Wortlaut oder Auslegung eine Bestimmung enthält. Diese Auslegung muß zunächst eine logisch-systematische sein. Das liegt im Wesen der modernen Kodifikationen begründet. Denn diese sind nach einem wissenschaftlichen System in logischem Aufbau gearbeitet. Die einzelnen Rechtsregeln stehen nicht für sich da. Sie stehen in Zusammenhang mit den vorausgehenden und nachfolgenden Bestimmungen. Diese Zusammenhänge sind aufzudecken. Das geschieht durch ein Nachdenken und Ausdenken des Gesetzestextes, es geschieht durch logische Operationen. Der Richter hat dann nur noch den konkreten Fall zu subsumieren. In zahlreichen Fällen gelangen wir auf diese Weise bereits zu sicheren und einwandfreien Ergebnissen.

Aber es ist doch möglich, daß Wortlaut und Auslegung versagen und daß dem Gesetz keine Vorschrift entnommen werden kann. Davon geht das Zivilgesetzbuch selbst aus, das gesteht es in Art. 1 expressis verbis ein. Der Gesetzgeber ist sich der Grenzen seiner Macht bewußt. Er verfällt nicht mehr in den „bodenlosen Hochmut" (Savigny), in jenen „Größenwahn der Legislative", wie sie dem Gesetzgeber vor hundert Jahren eigen gewesen. Das Gesetzeswerk kann, es muß Lücken haben.

So fehlten z. B. im bisherigen Bundesrecht Bestimmungen über den privaten Versicherungsvertrag, über die Schuldübernahme, über die Auslobung, das Lagergeschäft, den Mäklervertrag. Äußerst kümmerlich und lückenhaft war der Dienstvertrag geregelt. Nicht weniger versagte auf vielen Gebieten das kantonale Gesetzesrecht. Es sei nur an das Quellenrecht, an die beschränkten Rechte an eigener Sache, die Nutznießung, die Wasserrechtsverleihungen erinnert. So enthält auch noch das revidierte Obligationenrecht keine allgemeinen Bestimmungen über die Willenserklärungen, über die Wertpapiere, über die Konstitutivkraft der Eintragung in das Handelsregister, über das internationale Obligationenrecht.

In allen Fällen, in denen das Gesetz versagt, soll der Richter sich zuerst nach einem allfälligen Gewohnheitsrecht (Bundesgewohnheitsrecht) umsehen und sich dann an dieses halten. Wenn aber auch ein solches nicht vorhanden ist, dann soll er nach der Regel entscheiden, die er als Gesetzgeber aufstellen würde. In dieser Anweisung liegt nun zunächst ein negatives: Der Richter soll die Entscheidung für solche Fälle nicht im Gesetz suchen. Das Gesetz mutet dem Richter nicht mehr zu, „alles und jedes, und wäre es auch mit den bedenklichsten Interpretationskünsten, aus dem Gesetze abzuleiten" (Erl.). Er soll nicht in das Gesetz hineininterpretieren, was nicht darin steht. Er soll nicht unter dem Zwange der Fiktion stehen, das Gesetz habe alles vorgesehen und alles geregelt. Damit ist für die Fälle der Lückenausfüllung die logisch-konstruktive Methode abgelehnt. Denn darüber gibt es ja keinen Zweifel, daß der Gesetzgeber nicht nach dieser verfährt. Der Gesetzgeber ist frei. Er stellt eine Regel vernünftigerweise nicht darum auf, weil sie einem Theorem entspricht und sich logisch aus einem solchen ergibt, sondern er heißt sie gut, weil er sie für richtig, für gerecht, für zweckmäßig erachtet. Darin liegt denn auch der positive Gehalt jener gesetzlichen Anweisung. Das Gesetz bezweckt die Ordnung des menschlichen Zusammenlebens. Die rechtlichen Normen sind nicht Seinsgesetze wie die Naturgesetze, sondern Sollensgesetze. Sie zielen auf ein bestimmtes menschliches Verhalten ab. Dies ist nur so möglich, daß ein Verhalten gebilligt und gefördert, ein anderes verpönt wird. Somit wird das menschliche Verhalten vom Recht wie von den andern Normensystemen, der Ethik, der Sitte beurteilt, bewertet. Alle Rechtssätze beruhen auf Werturteilen.

So werden die Interessen der privaten Eigentümer und der Öffentlichkeit gegeneinander abgewogen und die der letzten vorgezogen, wenn das Gesetz zu öffentlichen Zwecken das Expropriationsrecht einführt. So liegt in der Bestimmung, daß eine Ehe geschieden werden könne, wenn sie eine tiefzerrüttete sei, die Bewertung, daß in einem solchen Falle das Interesse der Öffentlichkeit an der Aufrechterhaltung der Ehe nicht mehr stark genug sei und hinter dem Interesse der Ehegatten an der Lösung der ehelichen Gemeinschaft zurückzutreten habe. So erklärt das Gesetz, daß Verträge zu halten seien, auch wenn ein Kontrahent sich in einem Irrtum befunden habe. Aber bei wesentlichem Irrtum soll das Interesse der Verkehrssicherheit zurückgesetzt und das Interesse des Irrenden geschützt werden. Er soll sich auf den Irrtum berufen können und ist nicht an den Vertrag gebunden.

So löst der Gesetzgeber in seinen Normen Interessenkollisionen auf Grund von Werturteilen. In dieser Weise muß deshalb auch der Richter vorgehen, wenn er im Gesetz keine Entscheidungsnorm vorfindet. So hat das Bundesgericht — gewiß mit Recht — erklärt, daß, wenn eine Aktiengesellschaft unter Verletzung zwingender gesetzlicher Vorschriften entsteht, sie dann doch zu Recht besteht, wenn es ihr gelingt, sich in das Handelsregister eintragen zu lassen. Denn das Interesse des Verkehrs verlangt die Annahme dieser heilenden Kraft des Registereintrages. So hat es ferner mit Recht den Aktionären gegen statuten- oder gesetzeswidrige Mehrheitsbeschlüsse eine Anfechtungsklage gewährt. Das (bisherige) Gesetz kennt eine solche nicht. Die Interessen der Aktionäre forderten ihre Anerkennung, und ihrer Gewährung standen nicht überwiegende andere Interessen entgegen.

In dieser Weise soll die Lückenausfüllung erfolgen. Diese Art der richterlichen Tätigkeit ist aber eine sehr viel häufigere, als es zunächst den Anschein hat. Die Fälle, in denen der Richter in Ausfüllung sog. echter Lücken neue Rechtssätze selbständig aufstellen muß, um überhaupt zu einer Entscheidung zu gelangen, sind allerdings verhältnismäßig selten. Der Richter kommt aber sehr häufig in die Lage, einen Satz, den er im Gesetze vorfindet, anzuwenden auf Fälle, auf die er seinem Wortlaut nach nicht paßt. Er wendet den Satz analog an. Ein Beispiel: das bisherige zürch. Gesetzbuch gestattete, kleinere Zierbäume und Sträucher bis auf 60 Zentimeter an die nachbarliche Grenze zu setzen, Obstbäume dürfen dagegen nicht näher als 4 Meter von dem Nachbargrundstück gepflanzt werden. Wie nahe darf nun der Gärtner mit seiner Baumschulpflanzung an die Grenze heranrücken? Die beiden ordentlichen Instanzen haben verschieden geurteilt. Die eine Instanz hat auf die Baumschulpflanzungen die zweite Bestimmung angewandt, denn es handle sich zweifellos um Obstbäume. Sie stellte also auf den Wortlaut ab. Die andere Instanz hat auf jene Bestimmung abgestellt, die von den Zierbäumen und Sträuchern handelt, also auf eine Bestimmung, die dem Wortlaut nach gar nicht paßt. Und doch ist diese letztere Entscheidung die allein richtige. Jene Bestimmung wurde analog angewandt. Damit engt aber der Richter den Geltungsbereich der einen Bestimmung ein und dehnt denjenigen der andern aus. Genau besehen nimmt er geradezu eine Änderung des Gesetzestextes vor. Er bereichert ihn um eine neue Norm: auch Baumschulpflanzungen müssen um 60 Zentimeter von der Grenze stehen. Jener Richter stellte somit die Norm auf, wie wir sie jetzt ähnlich im zürch. Einführungsgesetz (§ 170 Abs. 2) finden.

Auch hier nimmt der Richter nicht einfach eine logische Operation vor und noch weniger vollzieht er bloß eine Subsumtion. Seine Tätigkeit beschränkt sich nicht auf die Auslegung. Vielmehr geht er vor wie ein Gesetzgeber. Er stellt eine Norm auf und zu dieser gelangt er, wie dieser letztere durch teleologische Betrachtungen. Er findet, der Nachbar soll gegenüber Baumschulpflanzungen nicht jenen weitgehenden Schutz haben wie gegen Obstbäume, sondern nur jenen, der ihm gegenüber Zierbäumen und Sträuchern zusteht. Denn die schädigende Einwirkung auf das Nachbargrundstück ist auch nicht eine größere. So, findet er, seien die beiderseitigen Interessen in richtiger Weise abgeschätzt und gewahrt. Somit erfolgt die sog. analoge Anwendung eines Rechtssatzes absolut nicht aus Gründen der juristischen Konstruktion, sondern aus sachlich-kritischen Erwägungen, aus Zweckmäßigkeits- und Billigkeitsgründen. Diese korrektive Funktion der Analogie ist durch die methodische Forschung der letzten Jahre ins helle Licht gerückt worden.

Aber das Gebiet, auf welchem der Richter dieser gesetzgebungsähnlichen Tätigkeit obliegt, ist damit noch keineswegs erschöpft. Nach Abs. 1 hat er das Gesetz anzuwenden, soweit es nach Wortlaut oder Auslegung eine Bestimmung enthält. Diese Auslegung erfolgt nach den Grundsätzen der logisch-systematischen Interpretation. Aber ein näheres Zusehen zeigt, daß diese allein in zahllosen Fällen nicht zum Ziele führt, und daß auch bei dieser auslegenden Tätigkeit der Richter immer wieder „Werturteile und Willensentscheidungen" abgeben muß. So kommt der Richter auch hier zur Aufstellung einer Fülle von ergänzenden Normen, die das Gesetz erst anwendbar machen. Es ist rein fiktiv, anzunehmen, daß diese neuen Sätze schon im Gesetz gelegen hätten. Man wird damit auch der Tätigkeit des Richters nicht gerecht. Es ist durchaus nicht so, daß er sie durch eine Deduktion aus dem Gesetz herausholt, sondern er hat in selbständiger Interessenabwägung erst die Regel aufzustellen. Das gilt für die einengende und die ausdehnende Interpretation. So erklärt das Gesetz ganz allgemein den Schuldner seiner Verpflichtungen frei und ledig, wenn er ohne sein Verschulden nicht erfüllen kann. Danach müßte es auch für den Geldschuldner gelten. Ein sehr mildes Gesetz! Aber die Praxis schränkt den Geltungsbereich des Gesetzes ein und macht eine Ausnahme gerade für diesen wichtigsten Fall. Der Geldschuldner wird durch das unverschuldete Unvermögen trotz OR. Art. 119 nicht frei. Der Richter ist zu dieser äußerst wichtigen Einschränkung aber nicht mit den Mitteln der Dialektik gelangt, sondern durch Zweckmäßigkeitsbetrachtungen und Werturteile. Er spielte den Gesetzgeber. Aber niemand wird ihn tadeln. Seine Entscheidung ist vollkommen richtig: Der Geldschuldner wird nicht befreit. Die Interessen des Verkehrs erfordern die Aufstellung dieser Ausnahmen. — Ferner: Wer unter der Herrschaft eines wesentlichen Irrtums rechtsgeschäftlich gehandelt hat oder dabei betrogen worden war, ist nicht gebunden. Aber das Bundesgericht lehnt es ab, diesen Satz auf den Eintritt in eine Aktiengesellschaft oder Genossenschaft anzuwenden (EBG. XXXII, II, 101ff.). Wie kommt es dazu? Es versucht gar nicht, eine Begründung mit der logisch-systematischen Auslegungsmethode zu geben. Die Begründung ist vielmehr eine rechtspolitische: Das Aktienkapital der Aktiengesellschaft und der Mitgliederbestand der Genossenschaft sind die Grundlagen des Kredits. Diese darf nun nicht zum Schaden des Verkehrs dadurch illusorisch gemacht werden, daß die Aktionäre oder die Genossenschafter im kritischen Moment geltend machen, die Beitrittserklärung sei null und nichtig, das gezeichnete Kapital dürfe also nicht zur Schuldentilgung verwendet werden, sondern sei ihnen zurückzuerstatten, bzw. sie seien aus der Haftung zu entlassen. Indem der Richter diese Erwägungen anstellt, geht er vor wie der Gesetzgeber. Er bewertet die widerstrebenden Interessen und gelangt so zur Aufstellung der Norm: Art. 23 findet in diesen Fällen keine Anwendung.

Diese richterliche Betätigungsweise scheint wenigstens bei einer Art von Rechtssätzen zu entfallen, bei den Blankettvorschriften oder Rahmengesetzen. Ein solches stellt der Gesetzgeber auf, wenn er erklärt, daß ein Dienstvertrag aus wichtigen Gründen sofort aufgelöst werden könne. Eine ähnliche Auflösungsbefugnis wird aus wichtigen Gründen bei Mietverträgen und Gesellschaftsverhältnissen eingeräumt. Nicht viel anders wird schließlich das Ehescheidungsrecht geregelt, wenn der Gesetzgeber erklärt, daß die Scheidung dann verlangt werden könne wenn die Ehe eine so tief zerrüttete sei, daß den Ehegatten die Fortsetzung der ehelichen Gemeinschaft nicht zugemutet werden dürfe. — Ferner gilt für das ganze große Gebiet des Schadensersatzrechtes, daß der Richter Art und Größe des Ersatzes nach seinem Ermessen zu bestimmen habe (OR. Art. 43). — Urteilsunfähige Personen sollen für den Schaden, den sie anrichten, haften, wenn es „der Billigkeit“ entspricht (OR. Art. 54), usw.

Hier wird überall auf das Ermessen des Richters abgestellt. Diese Fälle unterstellt das Gesetz selbst nicht dem Art. 1, sondern es stellt für sie eine eigene Bestimmung in Art. 4 auf und erklärt, daß der Richter in diesen Fällen seine Entscheidung nach Recht und Billigkeit zu treffen habe. Diese Regelung ist durchaus zutreffend. Hier handelt es sich darum, daß der Richter die Umstände des Einzelfalles angemessen berücksichtige. Er muß individualisieren. Das Urteil ist um so besser, je mehr es allen diesen Umständen Rechnung getragen hat. Dann kommt ihm als gutem Urteilsspruch ein hoher Eigenwert zu, aber es wird ihm keine allgemeine Bedeutung beigemessen werden können. Das Urteil trifft eben nur gerade für den vorliegenden Fall zu. Es fehlt ihm der normative Gehalt. Aber bei sehr vielen Urteilen, die auf Grund dieser Blankettvorschriften erlassen werden, ist dies doch anders. Die Umstände des Falles sind in weitem Umfange doch typisch und dann erhält die Bewertung, die der Richter vornimmt, doch eine über den Einzelfall hinausgehende, allgemeine, normative Bedeutung. Da hat ein Arbeiter in einem Betrieb, welcher der Fabrikhaftpflicht untersteht, einen Leistenbruch erlitten und macht nun den Haftpflichtanspruch geltend. Der Richter wird den Schadensersatz nach dem Schaden bemessen. Aber dieser ist sehr verschieden groß je nach dem sich der Arbeiter einer Bruchoperation unterzieht oder nicht. Kann der Arbeitgeber verlangen, daß er das tut? Das Bundesgericht äußert sich in einem jüngsten Entscheide nach den Berichten der Tagespresse darüber so: Zwei an sich durchaus achtenswerte Interessen stehen sich dabei diametral gegenüber: auf der einen Seite das Recht eines jeden Menschen, über seinen Körper frei zu verfügen, und sein Anspruch darauf, nicht durch die Voraussicht ökonomischer Nachteile in diesem Recht beschränkt zu werden; anderseits der Anspruch des Schadensersatzpflichtigen, dahingehend, daß der Berechtigte nicht durch eigenes schuldhaftes Verhalten den Schaden vermehre. Es fragt sich nun, ob in der Weigerung des Geschädigten, eine relativ gefahr- und schmerzlose, nahezu sichern Erfolg versprechende Operation vornehmen zu lassen, ein solches Verschulden erblickt werden könne. Es wird dann des genaueren untersucht, aus welchen Gründen dem Kläger die Operation zugemutet, bzw. nicht zugemutet werden dürfe.

Dieses Urteil ist seiner Methode nach vollkommen richtig. Aber es enthält nicht nur eine Berücksichtigung aller Umstände, wie sie gerade in diesem Falle vorliegen, sondern es enthält Werturteile von großer normativer Bedeutung. Es liegt keineswegs nur eine Subsumtion des vorliegenden Falles unter die Schadensersatzbestimmungen des Gesetzes vor. Diese lauten zu allgemein und geben noch nicht die genügenden Direktiven ab. Der Richter muß deshalb ausfüllende, ergänzende Regeln aufstellen. Wohl muß man anerkennen, daß er sich dabei innerhalb des gesetzlichen Rahmens hält, daß er somit durch das Gesetz gedeckt ist. Aber es wäre ungerecht und undankbar, wenn man nicht anerkennen wollte, daß er, um zu einer zutreffenden Entscheidung zu gelangen, auch hier Regeln aufstellen muß, die vorher nicht da waren, die seine Schöpfung, seine Tat sind. Diese Regeln stellt er so auf, wie er sie als Gesetzgeber aufgestellt hätte.

Diese wertende und regelsetzende Tätigkeit innerhalb der Blankettvorschriften ist wieder eine sehr häufige. Ich nenne nur noch zwei Beispiele: einerseits den Art. 20 des rev. Obligationenrechtes (alt Art. 17). Danach sind die unsittlichen Verträge nichtig. Das war die einzige gesetzliche Handhabe zur Behandlung der Konkurrenzklauseln in Anstellungsverträgen. Die Praxis hat dann aber eine ganze Reihe von Regeln aufgestellt zur rechtlichen Beurteilung dieser Verpflichtungen, nach Beendigung des Dienstverhältnisses während einer bestimmten Zeit keine Konkurrenz zu machen. Der Gesetzgeber hat in der Hauptsache diese richterlichen Normen jetzt in das revidierte Obligationenrecht aufgenommen. Anderseits sei auf a. OR. Art. 55 (ZGB. Art. 28, rev. OR. Art. 49) verwiesen. Diese Bestimmung sprach den Rechtsschutz der Persönlichkeit in ihren persönlichen Gütern aus. Aber wie weit der Schutz der Ehre, der Geheimsphäre, des eigenen Bildes, des Namens, der wirtschaftlichen Persönlichkeit, des Gewerbebetriebes, der Arbeitskraft geht und wann ihre Beeinträchtigung nicht als unbefugt erscheint, das bedurfte erst der Abgrenzung in zahlreichen richterlichen Abgrenzungsnormen.

Aus dem Gesagten geht endlich hervor, daß selbst der Wortlaut der Gesetze und seine Tragweite nicht unverrückbar ein für allemal feststeht und daß auch die Begriffsentwicklung nicht eine gesicherte Domäne der Begriffsjurisprudenz ist. Dies trifft vielmehr nur zu für die juristisch-technischen Begriffe wie: Eigentum, Grunddienstbarkeit, Pfandrecht, Kaufvertrag usw. Aber das Gesetz muß sehr viele Wertbegriffe verwenden: wichtiger Grund, Sittlichkeit, Billigkeit, Verschulden, Fahrlässigkeit, Treu und Glaube, Umstände des Falles, Mißbrauch, Recht und Billigkeit, usw. Ferner operiert es mit außerrechtlichen Begriffen, spricht von Tieren, von Häusern, von Werken, von Zierbäumen und Sträuchern, von Obstbäumen, von Wald und Weide, Weg und Steg usw. Hier überall aber erfolgt die Begriffsentwickelung nicht auf dem Wege logischer Operationen, aber ebensowenig durch ein Abstellen auf die Naturwissenschaften oder irgendwelche Technologie. Vielmehr sieht sich der Richter auch hier vor eine Fülle von feinen, eigenen Aufgaben gestellt. Der Inhalt dieser Begriffe wird nur durch Zweckmäßigkeitserwägungen gewonnen. So besteht eine strenge Haftung des Eigentümers eines Hauses oder eines ähnlichen Werkes. Ist ein Baugerüst ein „ähnliches Werk", ein Benzinapparat, eine Telephonstange? Entscheidend für die Beantwortung ist augenscheinlich, wie sich eine objektiv richtige und dem gesetzgebungspolitischen Gedanken der Gesetzesbestimmung entsprechende Schadenstragung ergibt.

So ergibt sich denn, daß das Anwendungsgebiet von Abs. 2, wonach der Richter nach jener Regel entscheiden soll, die er als Gesetzgeber aufstellen würde, ein außerordentlich weites ist. Der Richter muß nicht nur bei der eigentlichen Lückenausfüllung und bei der Analogieziehung so verfahren, sondern schon die Auslegung des Gesetzes selbst, die Anwendung der gesetzlichen Bestimmungen, ja die Festsetzung des Wortsinnes des

Gesetzestextes stellen ihn vor diese Aufgabe. Hier überall muß der Richter nach richtigem Zweck und richtigem Mittel fragen, überall die Interessen, die aufeinander stoßen, gegeneinander abwägen und danach für seine Entscheidung eine Norm aufstellen. Hier überall verfährt er nicht anders als der Gesetzgeber, wenn dieser eine Regel aufstellt. Auch die psychischen Funktionen sind in beiden Fällen dieselben. In dieser Betätigung der Urteilskraft liegt ein alogisches irrationales Element. Die Werturteile enthalten Billigungen und Mißbilligungen. Sie beruhen letzten Grundes auf Lust- und Unlustgefühlen. Der Jurist arbeitet nicht wie der Mathematiker mit Elementen, denen er allen gleich gegenübersteht. Deshalb sind denn auch die Ergebnisse nicht mit jener Sicherheit voraussehbar, wie sie es sein müßten, wenn er nur Begriffsmathematik triebe. Er wertet vielmehr, er schätzt und wählt. Er betätigt Gefühl und Wille. Er setzt seine Persönlichkeit ein. Der Richter ist nicht die Verstandesmaschine, die man aus ihm hat machen wollen. Schon längst hat man erkannt, daß in seiner Betätigung auch ein künstlerisches Element enthalten liegt. Sie ist in der Tat eine eigenartige Verbindung von Erkennen und Können, von Wissenschaft und Kunst. Es ist nichts mit jener erstaunlicherweise auch in gebildeten Kreisen weit verbreiteten Anschauung, daß schließlich jeder zum Richter tauge, dessen Denkapparat leidlich funktioniere. — Nur eine starke, gefestigte, innerlich reiche Persönlichkeit kann ein guter Richter sein.

Vor allem aber ergibt sich aus der bisherigen Betrachtung, daß der Richter nicht nur das Recht anwendet, sondern daß er *unaufhörlich auch normbildend* tätig ist. Seine Tätigkeit ist rechtsgestaltend, *schöpferisch*. In wie reichem Maße dies zutrifft, zeigt sich uns, wenn wir daraufhin das revidierte Obligationenrecht ansehen. Eine große Zahl der neuen Bestimmungen sind Rechtssätze, welche die richterliche Praxis ausgebildet hat, so über den Vertragsabschluß unter Abwesenden, über die eigenhändige Unterschrift, über den Vorvertrag, über die unrichtige Übermittlung von Antrag oder Annahme, über den unlautern Wettbewerb, über die Schadensersatzgrundsätze bei Vertragsverhältnissen, über die Fälle, in welchen dem in Verzug befindlichen Schuldner keine Frist angesetzt werden muß, über die Schuldübernahme, über Selbsthilfekauf und -verkauf und Schadensliquidation im kaufmännischen Verkehr, zahlreiche Vorschriften über den Dienstvertrag u. a. m.

Diese schöpferische Tätigkeit des Richters erhält eine besondere Bedeutung unter dem Zivilgesetzbuch. Jede Kodifikation kann schließlich nur ein Rahmen sein. Vom Zivilgesetzbuch gilt dies aber in besonderem Maße. Es hat im vornherein bewußt darauf verzichtet, durch das Mittel einer schwerfälligen abstrakten Kasuistik nach Vollständigkeit zu streben. Es übt eine starke Selbstbeschränkung und ist bestrebt, überall nur die leitenden Gesichtspunkte zu geben. So gelangt es zu zahlreichen Blankettvorschriften und zu einer reichen Verwendung von Wertbegriffen, während es die technischen und wertfreien Begriffe mit größter Sparsamkeit verwendet. Somit ergibt sich aus Art. 1 in Verbindung mit dem gesamten Gesetz eine richterliche Bewegungsfreiheit, die zweifellos sehr viel größer ist, als diejenige, die das deutsche BGB. den dortigen Gerichten einräumt. Das Zivilgesetz ist eine große Vertrauenskundgebung an den schweizerischen Richter.

Aber nun drängen sich uns doch ernste Bedenken auf, und es könnte uns bange werden vor der Gesetzgeberähnlichkeit unserer Richter. Viele dieser Werturteile sind von außerordentlicher Feinheit und Kompliziertheit. Sind unsere Richter dieser Aufgabe gewachsen? Besteht nicht die große Gefahr des richterlichen Subjektivismus? Wird der Richter sich nicht je länger je mehr von seinem Gefühle leiten lassen ohne ständige starke Kontrolle durch ein geschultes Denken? Dann aber wird nicht nur der juristische Verstand sinken, sondern das Rechtsgefühl selbst mag dann auch verwildern. Und endlich: bedeutet diese richterliche Rechtsschaffung nicht eine Gefahr für eines unserer grundlegenden Kulturgüter, für die Rechtssicherheit? Wird es nicht eine Rechtsbildung werden, die sich nur gerade durch den Mangel der Kontinuität und der Kohärenz auszeichnet und ist da schließlich nicht unser neues Zivilgesetzbuch selbst in Gefahr?

Alle diese Besorgnisse entbehrten in der Tat nicht der Begründung, wenn das ZGB. für die richterliche Rechtsfindung einfach auf die Richterpersönlichkeit abstellte, wie dies die extreme Freirechtsschule fordert. Aber für eine solche Freiheit ist kein Raum. Das Gesetz anerkennt zwar eine freie Rechtsfindung, aber nur in diesem Sinne, daß der Richter nicht alles Recht im Gesetz selbst suchen muß. Im übrigen ist auch diese Rechtsfindung eine gebundene. Dafür sorgen schon, äußerlich betrachtet, das Kollegialprinzip unserer Gerichtsorganisation und der Bestand der oberen Instanzen. Ferner hat diese richterliche Rechtsschaffung doch nur einen subsidiären Charakter. Das Gesetz und das Gewohnheitsrecht gehen vor. Deshalb darf der Richter mit seinen Werturteilen sich auch nicht in Gegensatz zu den Werturteilen stellen, die im Gesetze selbst enthalten sind.

Aber auch soweit das Gesetz nun wirklich Bewegungsfreiheit läßt, ist der Richter durchaus nicht frei. Das ergibt sich schon aus der Stellung und Funktion des Richters. Er ist ein staatliches Organ und steht im Dienste der allgemeinen Rechtsordnung. In dieser Stellung wird er angerufen, nicht als Privatmann, und die Parteien bringen ihm das Vertrauen entgegen, daß er nach objektiven Bewertungsmaßstäben urteile. Der Richter kann sich auch dem Banne dieser Vorstellung nicht leicht entziehen. Sie zwingt ihn in eine objektive Stellung hinein. Der Richter weiß auch, daß nur so die Kontinuität der Rechtspflege und die Rechtssicherheit gewahrt werden und gerade diese Güter werden ihm anvertraut. Daß ein Richter aber durchaus nicht nach seinem subjektiven Empfinden urteilen darf, kommt im Gesetz selbst zum Ausdruck. Denn es verlangt, daß der Richter nach einer Regel entscheide. Damit ist die extrem subjektivistische Lehre bereits abgewiesen. Und wenn der Richter die Regel so zu bilden hat, wie er sie als Gesetzgeber aufstellen würde, macht ihm dies wiederum eine objektive Beurteilung zur Pflicht, die keinen Raum für Willkür läßt.

Aber zu alledem kommt, daß das ZGB. selbst noch ausdrücklich Schranken aufstellt und für die richterliche Rechtsschöpfung sehr bestimmte Wegleitung erteilt. Denn der dritte Absatz unserer Bestimmung sagt: Er (der Richter) folgt dabei bewährter Lehre und Überlieferung.

Der Richter wird somit angewiesen, die bewährte Lehre zur Anwendung zu bringen, wenn ihm diese die erforderliche Entscheidungsnorm bietet. Man erkennt sofort die ganz andere Auffassung des modernen Kodifikators im Vergleich zu derjenigen seiner älteren Vorgänger. Hat doch einst Justinian nicht nur die Gesetzgebung, sondern sogar die Auslegung dem Kaiser vorbehalten wollen: itam conditor quam interpres legum solus imperator iuste existimabitur. Nicht viel anders ist die Auffassung, die Napoleon gehabt haben muß, als er den ersten Kommentar zum code civil mit den Worten begrüßte: mon code est perdu. Und aus gleichen Gedankengängen heraus erklärte das preußische Allg. Landrecht von 1794: Auf Meinungen der Rechtslehrer oder ältere Aussprüche der Richter soll bei künftigen Entscheidungen keine Rücksicht genommen werden (Einl. § 6). Demgegenüber ruft das ZGB. die Rechtswissenschaft zur Mitarbeit auf. Es liegt nun an ihr, ihre schöpferische Kraft zu erweisen. Dabei gilt dann das bisher über die richterliche Tätigkeit Ausgeführte auch für die Wissenschaft. Sie erhält eine gesetzgeberähnliche Funktion. Sie muß Normen aufstellen. Sie darf diese aber nicht aus Begriffen konstruktiv ableiten wollen. Vielmehr kann sie zur schöpferischen

Tat nur kommen durch eine teleologische, kritische Betrachtung des Stoffes, der ihr Forschungsgebiet ausmacht.

Nur so wird sie von dem Fehler verschont bleiben, dem sie im 19. Jahrhundert nicht ganz selten verfallen ist, daß sie nämlich das Rechtsleben aus engem Doktrinarismus heraus schulmeistern will. Was alles hat eine konstruktive Jurisprudenz nicht als unmöglich erklären wollen, was heute lebendes Recht ist: die Eigentümerhypothek, überhaupt das beschränkte dingliche Recht an eigener Sache, das Gesamteigentum, den gesetzlichen Übergang der Gläubigerrechte auf den zahlenden Bürgen, Personalservituten mit dem Inhalt von Grunddienstbarkeiten, Persönlichkeitsrechte usw.

Nur durch eine kritische Betrachtungsweise kann die Wissenschaft dem Gesetzgeber wertvolle Vorarbeit liefern, nur durch eine solche aber auch im Dienste der Rechtsprechung die Aufgaben erfüllen, die der Gesetzgeber ihr in Art. 1 zuweist.

Ferner hält das Gesetz den Richter an, die bewährte Überlieferung zu befolgen. Diese liegt vor allem in der Rechtsprechung. Wenn ein Richter nach Abs. 2 unseres Artikels verfährt und, um zu einer Entscheidung zu gelangen, eine Regel aufstellt, so gilt diese Regel zunächst nur für den Einzelfall. Wenn der Richter dabei auch normbildend tätig ist, — er stellt die Regel doch nur auf im Dienste der Einzelentscheidung. Aber in ihr liegt eine Betätigung der Urteilskraft, die doch über den Einzelfall hinaus Bedeutung erhält. Schon die Postulate der Rechtsgleichheit und der Rechtssicherheit verlangen eine Berücksichtigung der schon gefällten Entscheidungen, des bisherigen richterlichen Rechtes. Wenn der Richter in einem neuen Falle ein Urteil abgibt, das mit früheren im Widerspruch steht, gesteht er damit ein, daß jene früher aufgestellte Entscheidungsnorm nicht die sachgemäße, nicht die richtige gewesen ist. Er wird also nur aus Gründen besserer Einsicht von ihr abweichen. So erhalten die richterlichen Rechtssätze doch eine über den Einzelfall hinausgehende Bedeutung. Sie sind ein wertvolles Material, das der Richter vorfindet und das er nicht ignorieren darf. Sie enthalten eine reiche Fülle von Werturteilen. Dabei eignen den vom Richter aufgestellten Sätzen oft unverkennbare Vorzüge. Sie sind aufgestellt worden in engster Fühlung mit dem Leben. Dieses selbst bot den Rohstoff. Wenn nun schon die richterlichen Sätze auch Abstraktionen enthalten, so ist doch regelmäßig die abstrahierende Tätigkeit nicht eine so weitgehende, wie beim Gesetzgeber. Das richterliche Recht bildet sich in individualisierender, experimentaler Weise, in enger Anschmiegung an die Bedürfnisse des Lebens, allmählich und unter beständiger Selbstkontrolle. Man untersuche daraufhin die feinen Wandlungen der zürcherischen Praxis in der Zulassung der Vaterschaftsklage nach der Geburt des Kindes, oder die Praxis des Bundesgerichtes in der Behandlung von Streik, Boykott und Sperre, wie sie zuerst tastete und schwankte, schließlich aber doch zur Abklärung gelangte und eine innerlich begründete und befestigte wurde.

Deshalb verweist das Gesetz den Richter auf das vorhandene richterliche Recht. Aber in der Überlieferung liegt noch ein außerordentlich wichtiger weiterer Faktor des Rechtslebens. Die Überlieferung braucht durchaus nicht nur eine gerichtliche zu sein, sie kann auch eine außergerichtliche sein. Sie liegt in den Anschauungen des Lebens. Namentlich die Verkehrssitte liefert zahllose Verhaltensregeln, so über die Rechte und Pflichten des Mieters, des Vermieters, des Arbeitgebers, des Arbeitnehmers, über die Stellung des Verkäufers, des Käufers im kaufmännischen Verkehr, im Effekten-, im Waren-, im Immobilienhandel und so in reicher Fülle für das ganze Rechtsleben.

Auf alle diese geschriebenen und ungeschriebenen Verhaltensgrundsätze verweist das Gesetz. Es anerkennt sie somit ausdrücklich als normbildende Faktoren, als Quellen des Rechts. Dabei soll der Richter sich nicht nur von ihnen inspirieren lassen, wie allerdings der französische Text sagt, sondern er hat ihnen zu folgen, wie schärfer und zutreffender der deutsche Wortlaut des Gesetzes ausspricht. Allerdings: er folgt bewährter Lehre und Überlieferung. Er darf also von ihnen abweichen und sich mit ihnen in Widerspruch setzen. Aber doch nur, wenn er sie durch etwas Besseres zu ersetzen weiß, doch nur, wenn sie seiner gewissenhaften Nachprüfung nicht standhalten. Und zwar muß diese Prüfung gerichtet sein auf die objektive, sachliche Bewährung, auf die Begründetheit angesichts der übrigen Rechtssätze und angesichts der Bedürfnisse des Rechtsverkehrs. Lehre und Überlieferung sind somit neben dem Gesetz Rechtsquellen, wenn auch nur bedingte (Eugen Huber) oder nur als Rechtssätze minderen Grades (Gmür).

So schließt sich der Kreis. Der Gesetzgeber hat sich eine starke Selbstbeschränkung auferlegt. Das Gesetz hat das Recht nicht monopolisiert. Neben ihm fließen noch reichlich andere Quellen. Es beläßt einen gewissen freien Raum für eine richterliche Betätigung, die nicht Gesetzesanwendung ist. So stellt das Gesetz den Richter — relativ — frei. Aber es ist trotzdem nichts mit jenem Richterkönigtum und mit jener Intronisation der Richterpersönlichkeit, wie sie nun schon so oft aus Art. 1 herausgelesen worden ist. Denn in jenem gesetzesfreien Raum ist der Richter an jene andern rechtsbildenden Faktoren gebunden, an Lehre, Übung, Sitte. Das ist das Verhältnis von Gesetzeszwang und Richterfreiheit nach Art. 1.

Doch da drängt sich uns die Frage auf: Liegt nicht ein Widerspruch in diesen beiden Gesetzessätzen? Ist es nicht ein Geben und Wiedernehmen, wenn das Gesetz den Richter anweist, nach der Regel zu entscheiden, die er als Gesetzgeber aufstellte, um ihn nachher an bewährte Lehre und Überlieferung zu binden? Doch da offenbart sich uns erst der tiefe Sinn der Gesetzesbestimmung:

Der Richter soll vorgehen wie ein Gesetzgeber.

Dieser aber offenbart ihm, wie er selbst vorgegangen ist. Sein ganzes Streben war gerade darauf gerichtet, bewährter Lehre und Überlieferung zu folgen und diesen zu klarem eindringlichem Ausdruck zu verhelfen. Das Gesetz will dem Leben dienen und das Leben fördern. Dieses Ziel kann es gar nicht anders erreichen als indem es seine Normen dem Leben selbst ablauscht. Folgende Worte Eugen Hubers in den Erläuterungen werden immer ein klassisches Programm jedes Privatrechtsgesetzgebers sein: „Die Gesetzgebung kann und darf sich nur als das Werkzeug betrachten, mit welchem dasjenige zur Durchführung gebracht wird, was ohnedies im Volke bereits lebt. Die Gesetzgebung spricht nur das durch die allgemeine Entwicklung gegebene Wort für die Gedanken aus, die ohnedies vorhanden sind, die aber eines solchen Ausdrucks bedürfen, weil sie ohne diese Hilfe nur schwer zu voller Klarheit durchzudringen vermöchten. Das Gesetz muß aus dem Gedanken des Volkes heraus gesprochen sein. Der verständige Mann, der es liest, der über die Zeit und ihre Bedürfnisse nachgedacht hat, muß die Empfindung haben, das Gesetz sei ihm von Herzen gesprochen. Keine Nachahmung, keine Wissenschaft, keine Phantasie vermag hier den eigentlichen Lebensnerv zu ersetzen. Nur in stiller beharrlicher Aufmerksamkeit und in stetem und innigem Zusammenhange mit dem Rechtsleben des Volkes läßt sich etwas von jenen Stimmen erlauschen, die Kunde geben von der den Überlieferungen entsprechenden Weiterbildung eines volkstümlichen Rechtes. Der Gesetzgeber schafft das Recht nach dem, was seiner Überzeugung nach Recht sein sollte. Er vermag sich diese Überzeugung aber nicht unabhängig von den Dingen, wie sie sind, zu bilden. In der Betrachtung der gegebenen Zustände, nach den Erfahrungen die mit diesen gemacht worden sind, nach den Anforderungen, die sich aus dem Leben ergeben, gelangt er zu seiner Auffassung, wie jeder denkende Bürger."

Damit bezeugt der Gesetzgeber einen scharfen Blick

dafür, wo allein die Wurzeln seiner Kraft liegen, worin allein die Stärke des Gesetzes ruht: nämlich darin, daß es den im Volk lebenden Anschauungen entspricht. Das Gesetz gilt nicht schon darum, weil es erlassen ist. Es gilt nur, wenn es angewendet wird, wenn diejenigen, die zu seiner Anwendung berufen, ihm ihren Arm leihen, wenn es sich durchzusetzen vermag. Das Gesetz ist nur ein Motivationsversuch, nur ein Faktor zur Bestimmung des menschlichen Verhaltens und nicht der stärkste. Wenn sich ein Gesetz im Widerspruch mit eingelebten und noch lebendigen Vorstellungen befindet, dann versagt es nur allzu leicht. So brachte uns das Zivilstands- und Ehegesetz von 1874 ein einheitliches Ehescheidungsrecht. Aber die Rechtsprechung blieb in den Kantonen bis zuletzt in starker Abhängigkeit von dem bisherigen Ehescheidungsrecht, und so erhielten sich in Ost und West des Landes bis herab auf unsere Tage sehr erhebliche Unterschiede der Rechtsprechung, die selbst in der Statistik zu klarem Ausdruck gelangen. So war ferner das zürch. pr. GB. recht engherzig in der Zulassung der Vaterschaftsklage nach der Geburt des Kindes — zum Schutze der Männer. Heute scheint uns der Schutz der Mütter und vor allem des Kindes wichtiger. Und aus dieser anderen Bewertung heraus hat sich in den letzten Jahren eine Praxis ausgebildet, die dem Gesetz gegenüber zum mindesten als eine sehr weitherzige bezeichnet werden muß. In der gleichen Weise wird sich das Gesetz sehr leicht als der schwächere Teil erweisen, wenn es in scharfem Widerspruch zu den wirtschaftlichen Bedürfnissen des Verkehrs steht. Nur zwei Beispiele: So war in dem kantonalen Rechte die Eigentümerhypothek zumeist aus doktrinären Erwägungen heraus ausgeschlossen und auch der Schuldbriefverkehr war durch lästige Formvorschriften erschwert. Der Verkehr hat diese Bestimmungen in weitem Umfange mißachtet. Auch das zürch. Gesetz von 1887 hat nicht erst dem Verkehr die Freiheit gebracht, sondern das Gesetz sanktionierte in der Revision der §§ 386 ff. vielfach nur die Freiheit, die sich dieser mit innerer Gewalt schon vorweggenommen hatte. Und dasselbe Schauspiel werden wir auf dem Boden des Bundesrechtes erleben. Art. 873 des OR. verbietet, in die Firma einer Aktiengesellschaft den Namen einer lebenden Person aufzunehmen. Dieses Verbot verletzt sehr große Interessen und widerspricht eklatant den Bedürfnissen des Verkehrs. Und deshalb haben sich denn auch geradezu in einer gesetzwidrigen Praxis Firmenbildungen durchzusetzen vermocht, wie die folgenden: Verlagsanstalt Benziger u. Cie. A.-G., Möbelfabrik Robert Zemp A.-G., Aktienges Brown, Boveri u. Cie., Zwilchenbart, schweiz. Akt.-Ges. für Auswanderung, Akt.-Ges. der Maschinenfabriken von Escher, Wyß u. Cie usf. Da die Aufsichtsbehörde, insbesondere auch die oberstinstanzliche, der Bundesrat, diese Praxis schützt, gibt es gar keine Möglichkeit mehr, der gesetzlichen Bestimmung Geltung zu verschaffen. Nach dem Revisionsentwurf will der Gesetzgeber der „Gescheitere" sein, nachgeben und den Gesetzestext gemäß der Praxis, die sich durchgesetzt hat, abändern.

So ist denn nur dasjenige Gesetz ein gutes Gesetz, lebensfähig und stark, das mit den allgemeinen Anschauungen und mit den Bedürfnissen des Lebens übereinstimmt. Am stärksten ist dasjenige, das in seinen Normen lediglich die Tatsächlichkeit des Lebens zum Ausdruck bringt und mit ihr vollkommen harmoniert. Deshalb jene weise Selbstbescheidung des Gesetzgebers, deshalb seine historische Methode der Rechtsetzung.

Deshalb weist der Gesetzgeber auch den Richter an, ebenso zu verfahren. Auch für ihn gilt, daß das Recht nicht Selbstzweck ist, sondern dem menschlichen Zusammenleben zu dienen hat. Auch das richterliche Recht muß einen Widerhall im allgemeinen Urteil finden. Auch es muß aus dem Gedanken des Volkes heraus gesprochen sein und den Bedürfnissen der Zeit entsprechen. Wie das Gesetzes- vermag auch das richterliche Recht nur dann zu bestehen.

Nun ist im allgemeinen die schweizerische privatrechtliche Judikatur bisher eine durchaus gesunde gewesen. Ich war denn auch in der Lage, in den gemachten Ausführungen immer wieder auf richterliches Recht und gerade auf methodisch durchaus richtig gebildetes richterliches Recht aus dem bisherigen Rechtsleben zu verweisen. Aber mit dem ZGB. tritt das Gesetzesrecht mit einer Wucht wie nie zuvor in unser Rechtsleben ein. Und deshalb wird auch die Gefahr, die in den modernen Kodifikationen liegt, dringlicher und größer, daß nämlich das Gesetzeswort überschätzt wird, daß Wissenschaft und Rechtsprechung ihr Antlitz dem Leben abkehren und nur noch das Gesetz zu sehen vermögen, daß sie verknöchern und zu formalistischer Buchstabenjurisprudenz ausarten. Deshalb hat der Gesetzgeber diese Sätze vor sein Werk hingestellt:

Art. 1 ist sein Selbstbekenntnis über die ihm und seiner Macht gezogenen Schranken. Er ist eine Absage an alle pseudogelehrte scholastische Rechtsprechung und eine eindringliche Mahnung vor den Gefahren, die hinter der Kodifikation lauern. Er ist aber nicht weniger eine Absage an den Richtersubjektivismus der extremen Freirechtsschule. Er ist ein Hinweis auf die unversieglichen Quellen stets lebendigen Rechts. Er ist, von unseren Richtern befolgt, die Gewähr einer gesunden und volkstümlichen Rechtsprechung.

Literatur.

Die folgenden Angaben sollen lediglich einer ersten Einführung in die besprochenen Probleme dienen. Eine bis zum Jahre 1912 fortgeführte Literaturübersicht bietet Heck, Das Problem der Rechtsgewinnung, Tübingen 1912.

Der schärfste Kritiker der herrschenden Methodenlehre ist bekanntlich Fuchs: Die Gemeinschädlichkeit der konstruktiven Jurisprudenz 1909, Juristischer Kulturkampf 1912. Ihm sind als — bedingte — Verteidiger derselben besonders entgegengetreten Vierhaus, Über die Methode der Rechtsprechung 1911,

Düringer, Richter und Rechtsprechung 1909. Anregungsreich bespricht die richterliche Tätigkeit i. A.: Wurzel, Das juristische Denken 1904.

Der Ausgangspunkt für die neue Bewegung ist die Lehre von den „Lücken im Recht". Vergl. über sie die gleichbetitelte Abhandlung von Zitelmann 1903. Wie weit die lückenausfüllende Tätigkeit des Richters reicht, untersucht auch Oertmann, Gesetzeszwang und Richterfreiheit 1909.

Die Ausfüllung der Lücken soll nach den Vertretern der „Freirechts"-Bewegung durch den Richter in freier Weise erfolgen: Ehrlich, Freie Rechtsfindung und freie Rechtswissenschaft 1903, Guaeus Flavius (Kantorowicz), Der Kampf um die Rechtswissenschaft 1906. Demgegenüber verlangt Rumpf, Gesetz und Richter 1906, ein Urteilen durch Wertermittlung und Werturteil. Damit ist die Lehre von der Interessenabwägung nahe verwandt: Heck l. c., M. Rümelin, Das neue schweiz. ZGB. 1908. Eine andere Methode entwickelt Stammler, der eine Beurteilung nach gemeingültigem Maßstabe verlangt und diese in seiner Lehre vom sozialen Ideal zu gewinnen versucht. Vergl. die Literaturangaben zum zweiten Vortrag.

Die Gebundenheit des Richters an die Überlieferung findet in der Literatur den beredtesten Vertreter in Danz: Auslegung der Rechtsgeschäfte, 3. Aufl. 1911, ders. Rechtsprechung nach der Volksanschauung und nach dem Gesetz, S.-A. aus Iherings Jahrb. II. Folge XVIII., ders. Einführung in die Rechtsprechung 1912.

Über die „bewährte Lehre" Eugen Huber, S.-A. aus d. pol. Jahrb. der schweiz. Eidg. 25 (1911).

Über Art. 1 ZGB. vergl. außerdem die Komm. von Reichel und von Gmür, ferner Gmür, Die Anwendung des Rechts 1908, Rümelin, Das neue schweiz. ZGB. 1908.

II.

Zivilgesetzbuch und Rechtswissenschaft.

Die Ziele der Privatrechtswissenschaft können sich nicht stets und überall gleich bleiben. Sie sind abhängig von den staatlichen Verhältnissen und dem jeweiligen Stande der rechtsgeschichtlichen Entwicklung. So waren denn auch die Aufgaben der schweizerischen Privatrechtswissenschaft, seit überhaupt von einer solchen gesprochen werden kann, einem raschen Wechsel unterworfen. Einen Juristenstand und eine privatrechtliche Wissenschaft, welche diesen Namen verdient und welche sich in der Rechtsprechung durchsetzen und ihren Einfluß auf die Gesetzgebung geltend machen will, gibt es in der Schweiz im allgemeinen und in Zürich im besonderen erst seit ungefähr hundert Jahren. In den zwanziger Jahren des 19. Jahrhunderts hat Friedrich Ludwig Keller, der nachmalige Romanist an der Universität Berlin in seiner berühmt gewordenen und heute noch lesenswerten Streitschrift über „Die neuen Theorien in der zürcherischen Staatspflege" (1828) ausgeführt, wie eine besondere selbständige Pflege des Privatrechts nottue, und zwar liege das Ziel in der theoretischen Entwicklung und sichern praktischen Anwendung des zürcherischen Rechtes. Das gebotene Bildungsmittel sei aber im Studium des römischen Rechtes zu finden. So führte Keller, was anderswo zumeist nicht gelingen wollte, von Anfang an die Scheidung des positiven Rechtes und der gemeinrechtlichen Lehre „mit sicherem Takt und freier Kritik" (Bluntschli, Erinnerungen an |F. L. Keller) durch. Er lehrte das römische Recht um seines erzieherischen Wertes willen. Mit dem auf diese Weise erworbenen Können sollte dann aber das zürcherische Recht gepflegt und gefördert werden. Und hierin lag in der Tat die besondere rechtswissenschaftliche Aufgabe der Zeit: in der geschichtlichen und materiellen Erforschung des einheimischen Zivilrechts. Die wissenschaftliche Erfassung desselben war unerläßlich für die Rechtsprechung. Denn diese verfiel einer zunehmenden Unsicherheit und drohte in Willkür auszuarten. Das war nicht anders möglich beim damaligen Stand der Rechtsquellen, welche in den lückenhaften Dorf- und Amts- oder Stadt- und Landrechten oft einen recht zufälligen Inhalt boten und immer noch das meiste dem Gewohnheitsrecht überließen und beim Mangel einer grundsätzlichen Erfassung dieser mannigfachen, bunten Rechte. Ganz besonders aber mußte die wissenschaftliche Behandlung die Vorarbeiten für die Zivilgesetzgebung des 19. Jahrhunderts leisten. Die jungaufblühende germanistische Forschung, wie sie besonders von Eichhorn und Jakob Grimm begründet wurde, wies die sicheren Wege. Denn die schweizerische Privatrechtswissenschaft mußte ihrem Gegenstand nach deutschrechtlich sein. Dem geschärften Auge erschloß sich ein unerschöpflicher Reichtum tiefer germanischer Rechtsvorstellungen. Aus dem Wirrwarr der lokalen Rechte, die in ihren Besonderheiten als willkürlich und zufällig erschienen, ergaben sich einheitliche Gedanken, ein Schatz nationalen Rechtes. Wie kaum irgendwo sonst hatte sich in unseren Gebieten das germanische Recht in bewunderungswürdiger Reinheit lebendig erhalten. Jetzt erlangten die Rechtsquellen, die bis dahin wissenschaftlicher Behandlung unzugänglich und unwert erschienen waren, eine erhöhte Bedeutung. Ihr Inhalt wurde gehoben — das Recht unseres Volkes gelangte zum erstenmal zu umfassender rechtsgeschichtlicher und dogmatischer Darstellung. Allen voran ging Bluntschli, der in seiner zürcherischen Staats- und

Rechtsgeschichte in intuitiver Erfassung der Zusammenhänge eine geniale Darstellung der lokalen rechtlichen Entwicklung bot. Die gleichen Wege wandelte die stattliche Reihe der ihm folgenden schweizerischen Germanisten des 19. Jahrhunderts.

In dieser Zeit gelangten die Kantone zu ihren kantonalen Zivilgesetzbüchern. Hauptsächlich in der Ostschweiz sind sie, in den fünfziger und sechziger Jahren, in enger Anlehnung an die Ergebnisse dieser germanistischen Forschung geschaffen worden, so vor allem das zürcherische privatrechtliche Gesetzbuch 1853—55, das Werk Bluntschlis. — So konnte denn Friedrich von Wyß in seiner Antrittsrede über „das schweizerische Privatrecht in seiner Beziehung zur Rechtswissenschaft" (1863) die Pflege des kantonalen Gesetzesrechtes als das nächste Ziel der wissenschaftlichen Bearbeitung hinstellen. Daneben kündigte sich als weiteres Ziel die rechtsvergleichende Bearbeitung aller kantonalen Rechte an. Diese sollten zunächst nur einem vertieften Verständnis des eigenen kantonalen Rechtes und dem Rechtsverkehr von Kanton zu Kanton dienen. Doch konnte nicht verkannt werden, daß diese Studien auch einer kommenden Bundesgesetzgebung die Wege ebnen würden. Besonders in die sechziger und siebziger Jahre fallen die umfassenden Vorarbeiten für das schweizerische Obligationenrecht von 1883. Gleichzeitig setzt aber auch die zusammenfassende, rechtsvergleichende Darstellung der kantonalen Privatrechte ein, eine Arbeit, die schließlich in Eugen Hubers System und Geschichte des schweizerischen Privatrechtes (1886—1893) eine systematische Durchführung fand. Hieran schlossen sich unmittelbar die gesetzgeberischen Vorarbeiten für das Zivilgesetzbuch an.

Da dieses Gesetzbuch nunmehr Rechtskraft erhalten hat, bedarf die schweizerische Privatrechtswissenschaft neuer Zielsetzung. Denn nur die Klarheit über Weite und Enge der Aufgaben, die ihrer harren, weist ihr die zutreffenden Arbeitsmethoden und sichert ihr tiefe und nachhaltige Wirkung.

Die erste Aufgabe, der sich die schweizerische Rechtswissenschaft zugewandt hat und der sie sich auch heute noch nicht entziehen darf, ist die „Verkündung der neuen Lehre", die Popularisierung des neuen Rechtes. Das ist freilich nicht eine wissenschaftliche Arbeit. Sie setzt aber die wissenschaftliche Erfassung des darzustellenden Rechtes voraus. Das ist in den letzten Jahren oft übersehen worden und die Propagierung erfolgte deshalb zuweilen mit völlig unzulänglichen Mitteln. Das muß um so mehr beklagt werden, als die Bedeutung dieser Aufgabe gar nicht hoch genug eingeschätzt werden kann. Die Gefahr, die zur Zeit über dem Zivilgesetzbuch schwebt und unter welcher es tatsächlich auch schon gelitten hat, liegt in der Übermacht der Tradition: Der Richter oder der Verwaltungsbeamte liest sein bisheriges Recht in das neue Gesetzbuch hinein, er löst alle Zweifelsfragen im Sinne der bisherigen Praxis, er füllt die Lücken aus mit den Mitteln des alten Rechtes. Diese Gefahren sind ganz besonders groß angesichts unserer Gerichtsorganisation, nach welcher die erstinstanzlichen Richter zumeist Laien sind. Diesen Lockungen muß der Richter erliegen, wenn er nicht mit der solidesten, gründlichsten Kenntnis des neuen Rechtes ausgerüstet ist. Und zwar genügt keineswegs die Paragraphenkenntnis. Denn leges non est verba earum tenere, sed vim ac potestatem. Er muß sich den Zusammenhang der Bestimmungen, Ziel und Zweck der Normen, den Geist, von dem das Werk erfüllt ist, zu eigen gemacht haben. Dazu müssen wir ihm nach unseren Kräften verhelfen.

Doch das Gesetz ist nicht nur für den Richter bestimmt. Es wendet sich an jedermann. „Es soll das Recht nicht allein in den Richtern und Anwälten ein lebendiges sein. Nicht in den engen Kreis dieser Juristenzünfte ist es eingeschlossen, noch für diese nur vorhanden. Es soll vielmehr in den Markigen und Schwachen, den Hohen und Niederen, den Reichen und Armen, den Gebildeten und Ungebildeten, in allen und für alle soll es ein lebendiges Recht sein, sie alle umfassend, alle verbindend, alle beherrschend.“ (Bluntschli.) Noch die jüngste reiche Literatur über die Gesetzesanwendung liest sich zumeist, wie ob die Gesetze nur für den Richter geschrieben wären. Ja es fehlt auch nicht an einer gelehrten Doktrin, welche lehrt, daß der schlichte Volksgenosse kein „Normenadressat“ sei. Eine solche Lehre hat einem bodenständigen und auf demokratischer Grundlage geschaffenen Rechte gegenüber keinen Raum. Dem Gesetz kommt keineswegs die beschränkte Bedeutung zu, Entscheidungsnormen für die Fälle zu bieten, die vor den Richter kommen. Seinen Bestimmungen soll vielmehr die Bedeutung von Gestaltungsnormen für das Leben zukommen. Seine Eigentums- und Arbeitsordnung will gesellschaftliche Organisationsform sein. Die tiefe Rechtsethik seines Familienrechtes bietet dem Rechtsgenossen Richtlinien seines Verhaltens, gestattet und verbietet, umzeichnet die Kreise der Freiheit und der Gebundenheit. Und manche von den elastischen Bestimmungen, die das Zivilgesetz bekanntlich begünstigt, wollen keineswegs nur auf das richterliche Ermessen verweisen, sondern sie appellieren in erster Linie an die Einsicht und richtige soziale Gesinnung der Rechtsgenossen. Wenn beispielsweise den mündigen Kindern, die ihren Eltern im gemeinsamen Haushalte ihre Arbeit und ihre Einkünfte zugewendet haben, bei der Erbteilung ein billiger Ausgleich zugestanden wird (Art. 633), überläßt das Gesetz die Rechtsbetätigung unmittelbar den Beteiligten, und nur wenn sie sich über das was billig und recht, nicht selbst zu einigen vermögen, soll der Richter entscheiden. Nur ungern wird dieser angerufen werden. So kommt dieser Verweisung auch die Einsicht des Bürgers eine nicht zu unterschätzende sozial-erzieherische Bedeutung zu. Aber alle diese Aufgaben im Dienste des Rechtslebens kann das Gesetzbuch wiederum nur erfüllen, wenn sein Inhalt zum geistigen Gemeinbesitz geworden ist. Nur so werden die einzelnen Rechtsinstitute die Zwecke erfüllen können, um deretwillen sie aufgenommen wurden. Nur so werden beispielsweise die Bestimmungen über die Gemeinderschaft, über die Quellengemeinschaft, über den Willensvollstrecker, über die Gült, über die Eigentümerservitut, über die Kindesannahme usw. die ihnen zugedachte Bedeutung erlangen. Deshalb erforderte die Übergangszeit eine möglichst wirksame Popularisierung des neuen Rechtes und diese Aufgabe ist auch heute noch keineswegs abgeschlossen.

Die Wissenschaft darf sich dieser Arbeit aber auch wegen des erheblichen Vorteils nicht entziehen, den sie sich damit selbst sichert. Denn wenn sie sich an den weiten Kreis der Rechtsgenossen wenden soll, wird sie ihrer Wirkung nur gewiß sein können, wenn sie sich von einer absonderlichen Juristensprache möglichst frei zu halten vermag. Auch bietet ihr diese Fühlungnahme immer erneute Gelegenheit zur Selbstkontrolle ihrer Arbeit und deren Ergebnisse.

Diese erste Aufgabe ist denn auch zu verschiedenen Zeiten immer wieder von der schweizerischen Privatrechtswissenschaft in Angriff genommen und wohl auch mit glücklichem Erfolge gelöst worden. Es geschah dies in der Schweiz dank der demokratischen Art des hiesigen Rechts und Rechtslebens schon zu einer Zeit, in welcher die deutsche Wissenschaft dieser Aufgabe noch völlig fern stand. So bietet schon der Kommentar Bluntschlis zum zürcherischen privatrechtlichen Gesetzbuch eine echt wissenschaftliche und doch durchaus auch für Laien verständliche Begründung und Darstellung des Gesetzesinhaltes. So sind auch die Erläuterungen, die der Verfasser des Zivilgesetzbuches zum ersten Entwurf geschrieben hat (1901/02) eine für jedermann lesbare Darstellung der Probleme moderner Zivilgesetzgebung. Und so sind denn auch seither Darstellungen des neuen Rechtes erschienen, die volkstümlich sind ohne unwissenschaftlich zu sein.

Die zweite Aufgabe, die der Rechtswissenschaft zukommt, liegt in der Arbeit, die stets der dogmatischen

Rechtswissenschaft gegenüber einem positiven Recht zukommen wird. Es gilt, den Rechtsstoff systematisch darzulegen, die technischen Begriffe zu entwickeln, den Inhalt und die Tragweite der einzelnen Bestimmungen darzustellen, die Rechtssätze miteinander in die richtige Verbindung zu bringen, aus den einzelnen Normen Obersätze und allgemeine beherrschende Prinzipien zu gewinnen und daraus wieder die Folgerungen für das Einzelne zu ziehen. Auch diese Tätigkeit ist notwendig um die Herrschaft des neuen Rechtes durchzusetzen und zu befestigen. Sie ist die Grundlage objektiver Rechtsverwirklichung. Sie bewahrt ebensosehr vor einer innerlich zusammenhanglosen und in sich widerspruchsvollen Rechtsanwendung wie vor einer Rechtsprechung lediglich nach Routine und Präjudiz. Die Dogmatik zwingt vielmehr den Richter, sich immer wieder auf die Grundsätze des objektiven Rechtes zu besinnen. Aber auch der Erfüllung dieser zweiten Aufgabe kommt eine weit über die richterliche Rechtsanwendung hinausgehende Bedeutung zu. Denn diese Formung der Rechtsgedanken führt zu ihrer Anerkennung und Durchsetzung in Verkehr und Leben selbst.

Doch auch hier stoßen wir auf eine Gefahr für das neue Recht. Und den neuen Kommentaren zum Zivilgesetzbuch gegenüber, die einen Umfang und einen wissenschaftlichen Apparat aufweisen, wie ihn die bisherige schweizerische Literatur zum positiven Recht noch nicht gekannt hatte, glaubte man nicht eindringlich genug auf diese Gefahr hinweisen zu können. Man befürchtet eine rein doktrinäre, scholastische Behandlung des neuen Rechts. Die Erfahrung bestätigt auch, daß die modernen gelehrten Kodifikationen nur allzu leicht zu einer Überschätzung des Gesetzeswortes und der formalen Zusammenhänge des Gesetzestextes führen.

Aber wenn anders der praktische Sinn der Schweizer nicht eine leere Einbildung, sondern eine Realität ist, wird schon er einen wirksamen Schutz gegen das Eindringen einer unfruchtbaren Begriffsjurisprudenz bilden. Ferner sind die allgemeinen staatspolitischen Verhältnisse der Schweiz einer starren Gesetzesherrschaft nicht günstig. Wirkt die Volkssouveränetät an sich schon antiautoritär, so ließe sich das schweizerische Volk vollends nicht sein Privatrecht, das es sich in einer durch ihre Geschlossenheit, Folgerichtigkeit und Treue bewunderungswürdigen Entwicklung selbst geschaffen hat durch eine ihm wesensfremde formalistische Doktrin entziehen. Dazu ist der Anteil des Volkes an der Rechtssetzung und Rechtsanwendung viel zu stark. Darin liegt gerade der entscheidende Unterschied der Rechtsentwicklung in Deutschland und der Schweiz, daß die Gerichtsorganisation dort geschlossen auf einen gelehrten Juristenstand sich aufbaut, während die schweizerische Gerichtsverfassung eine solche ausschließliche Herrschaft der Juristen stets abgelehnt hat und stets ablehnen wird. Deshalb sind wir aber auch von jenem Konflikt zwischen Theorie und Praxis, unter dem andererseits das Rechtsleben schwer genug zu leiden hatte, durch das 19. Jahrhundert hindurch in der Hauptsache verschont geblieben. Schon die Rechtslehrer des zürcherischen politischen Institutes (1807—1833) waren durchwegs Männer der Praxis. Keller, Bluntschli, die beiden v. Wyß u. a. m. haben mitten im Rechtsleben gestanden und waren zumeist als Richter tätig. Sie haben auch alle einer harmonischen Verbindung von Theorie und Praxis das Wort gesprochen und von der Theorie stets verlangt, daß sie lebensvoll, wahr und praktisch sei. Diese Forderung hat „ihren guten und wahren Sinn, der nicht verdunkelt und verkleinert werden darf. Sie muß dazu führen, bei dem Studium des Rechts dem nachzugehen, was wirklichen Lebensgehalt hat und daher gar manches, was auf historischem und dogmatischem Gebiete in der Rechtswissenschaft schon gearbeitet worden ist, als wenig ersprießlich beiseite zu lassen. Die tiefe Spaltung und Kluft zwischen Theorie und Praxis, wie sie anderwärts vorkommt, darf nicht bestehen.

Einfachheit, Klarheit, reelle Bedeutung für das Leben im Gegensatz gegen künstliche, abstruse Spitzfindigkeit, gegen unfruchtbares Gedächtniswerk, das sind die Requisite, die mit gutem Fug und Grund geltend gemacht werden sollen". (v. Wyß sen.) — Jene äußere Verbindung von Theorie und Praxis hat sich bis heute erhalten. Wir anerkennen es dankbar, daß nicht weniger als sechs Mitgliedern unserer heutigen juristischen Fakultät eine richterliche Tätigkeit eingeräumt ist.

Daß aber innerlich unter dem neuen Recht nicht eine Scheidewand zwischen der Rechtswissenschaft und der Rechtsprechung entstehe, dafür bietet nicht zuletzt das neue Gesetzbuch selbst schon eine Gewähr. Und zwar schon durch seinen inhaltlichen Charakter. Es ist ein germanisches Rechtsbuch. Das deutsche Recht hat aber einer Behandlung durch eine formalistische oder Begriffsjurisprudenz zähe widerstanden. Dazu ist es zu tief und zu innerlich. Es betrachtet den Rechtsgenossen nie in einer künstlichen und lebensunwahren Isoliertheit, sondern trägt stets auch seiner Gliedstellung in den Verbänden Rechnung. Es weist deshalb stets auch einen publizistischen Einschlag auf. Deshalb ist ihm nicht beizukommen mit dem doktrinären Subjektivismus der gemeinrechtlichen Konstruktivjurisprudenz. Dazu kommt, daß das Gesetz selbst sich gleichsam in die richtige Distanz zum Rechtsleben einstellt. Stammler[14]) der Verfasser der „Lehre vom richtigen Recht" sucht nachzuweisen, wie alle Einzelsätze des Gesetzbuches ihre inhaltliche Schranke finden durch die Anforderungen von Treu und Glaube. Und Jung („Das Problem des natürlichen Rechts" 1912) will nicht nur der Anerkennung eines natürlichen neben dem positiven Recht zum Durchbruch verhelfen, sondern er erklärt weiterhin, daß das positive Recht nur bedingt gelte, daß es für den Richter nicht sowohl ein Rechtsbefehl, sondern nur eine Erkenntnisquelle sei, ein bloßes Weistum, das ihm bei der von ihm zu treffenden Entscheidung den rechten Weg weisen soll. Aber dem modernen Naturrecht widerfährt, was auch dem Naturrecht des 18. Jahrhunderts widerfahren war: In neuer, gelehrter Form verhilft es altem germanischem Recht zum Durchbruch. So war diese Erkenntnis in der Tat ein Besitztum des Volkes: Billigkeit muß das Recht meistern. Und davon geht jetzt auch das Zivilgesetzbuch aus. Wenn es in Art. 2 die Ausübung aller subjektiven Rechte in die Schranken von Treu und Glauben weist, bricht es allen nachfolgenden Bestimmungen die scharfen und verletzenden Spitzen ab, die sie haben könnten, wenn lediglich die Rechtskonsequenz herrschte.

Von ganz besonderer Bedeutung für die Arbeitsweise der Wissenschaft ist aber die Technik des Gesetzes. Ist dieses selbst fest und starr gefügt, ein ausgebautes engmaschiges Gitter, detailliert und kasuistisch, dann schlägt es auch die Wissenschaft in Fesseln. Die deutsche Rechtswissenschaft hat diese Gefahr erkannt und sie bewahrt sich mit bewunderungswürdiger Energie ihre Freiheit, und bereits ist sie damit auch Siegerin. Es ist ihr unzweifelhaft schon gelungen, das Gesetz selbst mit freierem Geiste zu erfüllen, als sich nach seiner Technik hat erhoffen lassen. Die schweizerische Zivilgesetzgebung, sowohl die bisherige kantonale als die neue eidgenössische legt sich dagegen große Selbstbeschränkung auf. Sie ist nicht kasuistisch, will nicht alles regeln und paradiert nicht mit einem gelehrten technischen Apparat. Sie ist ganz auf den grundsätzlichen Gehalt unserer Rechtsordnung eingestellt. Dieser soll zu klarem und eindringlichem Ausdruck gebracht werden. Das übrige wird dem Rechtsleben selbst überlassen.

Deshalb hängt der Art. 1 des ZGB. auf das engste mit dem formalen Charakter des Gesetzbuches zusammen. Das Eingangstor ist streng im Stil des Ganzen gehalten. Der Richter wird angewiesen, in den Fällen, in denen Gesetz und Gewohnheitsrecht keine Lösung geben, nach der Regel zu entscheiden, die er als Gesetzgeber aufstellen würde.

Doch hat er dabei bewährter Überlieferung und Lehre zu folgen. Damit wird die Rechtslehre zum Rang einer Rechtsquelle erhoben. Es wird ihr vom Gesetz selbst ein Anteil an der Rechtsfortbildung eingeräumt. Aber der Richter muß keineswegs nur dann regelbildend tätig sein und nach der Regel entscheiden, die er als Gesetzgeber aufstellen würde, wenn er auf eine echte Lücke des Gesetzes stößt. Auch bei der Auslegung des Gesetzes und selbst bei der Begriffsbildung muß er in der gleichen Weise vorgehen, die Interessen bewerten und abwägen, nach Zweckmäßigkeits- und Gerechtigkeitserwägungen entscheiden. In demselben Umfang erweitert sich damit auch der Anteil der Rechtswissenschaft am Ausbau des Rechtes. Sie muß schon bei der systematischen Behandlung des Rechtes kritisch verfahren. Sie muß die Zwecke der Vorschriften aufdecken und daraus die Tragweite ihrer Geltung bestimmen. Sie muß nicht erst in der Lückenausfüllung, sondern schon in der Auslegung, welche beide Tätigkeiten auch gar nicht scharf voneinander getrennt werden können, gesetzgebungsmäßig vorgehen. Hier überall muß sie Interessen gegeneinander abwägen und Werturteile abgeben. Nur auf diese Weise soll sie zu den Grundsätzen gelangen, die sie aufstellt.

Diesen Sätzen aber hat der Richter nur zu folgen, wenn sie bewährt sind, und noch viel mehr wird auch der Verkehr sie nur dann anerkennen und sich nach ihnen richten. Die Sätze, die die Wissenschaft aufstellt, müssen somit den Anforderungen eines richtigen Rechtes entsprechen. Sie müssen somit jedenfalls gerecht und zweckmäßig sein. Sie müssen auf objektiv zutreffenden Wertungen beruhen. Nur dann sind sie gemeingültig, richtig. Nur dann können sie den Anspruch auf Anerkennung erheben.

Diese eigenartige, kritische, bewertende Aufgabe ist keineswegs neu. Sie kam schon der bisherigen Rechtsprechung und Rechtslehre zu. Gerade die Eigenart der schweizerischen Rechtsquellen, ihre Kürze und Lückenhaftigkeit, bedingten eine ganz umfassende richterliche und rechtswissenschaftliche Tätigkeit im Sinne der Ergänzung und Fortbildung des Rechtes. Es verdient aber auch hervorgehoben zu werden, daß diese lückenausfüllende und schöpferische Funktion der Rechtsprechung und der Rechtswissenschaft auch in der Doktrin des schweizerischen Privatrechts stets anerkannt war. Neu ist somit lediglich die ausdrückliche Anerkennung dieser Aufgabe durch den Zivilgesetzgeber. Diese aber begrüßen wir, weil sie die Einsicht in die Bedeutung der rechtswissenschaftlichen Arbeit fördert, und weil sie geeignet ist, der Rechtswissenschaft selbst die allzeit richtige Erfassung ihrer Aufgaben zu erleichtern. Nur diese aber gewährleistet die richtigen Arbeitsmethoden.

Die Bedeutung der Aufgabe, die der Rechtswissenschaft zugedacht, ist nicht zu verkennen, aber ebensowenig, daß sie die größten Anforderungen an ihre Vertreter stellt. Gesetzeskenntnis, Rechtsgelehrsamkeit und Dialektik reichen nicht aus. Sie verlangt vor allem Beobachtungsgabe und Wirklichkeitssinn. Diese müssen das Verständnis für die Vorgänge, Bedürfnisse und Anschauungen des Lebens vermitteln und dazu befähigen, aus dem Wirrwarr der Erscheinungen das Wesentliche und Typische herauszuerkennen, den juristischen Tatbestand zu analysieren. Die juristische Diagnose bietet nicht weniger Schwierigkeiten als die medizinische. So hoch die Kenntnis der Gesetze und der Ergebnisse rechtswissenschaftlicher Forschung auch zu bewerten ist, sie allein machen den Juristen noch nicht. „Ihm ist außerdem ein zur vollen Reife entwickelter Wirklichkeitssinn unentbehrlich, der ihn befähigt, die Verhältnisse des Lebens auf den mannigfaltigen Gebieten seiner Betätigung völlig zu durchdringen und richtig zu erkennen“ (Wildhagen). Außerdem erheischt diese Aufgabe eine sichere Urteilskraft, das ursprüngliche Vermögen die tatsächlichen Verhältnisse und Vorgänge richtig beurteilen zu können (Huber). Diese

Fähigkeiten liegen in der Tiefe der Persönlichkeit begründet. Sie sind deshalb in geringerem oder höherem Maße von Haus aus vorhanden und richten sich nicht nach Schuljahren und Examina, nicht nach Amt und Würde. Aber zweifellos können diese Fähigkeiten geweckt und gestärkt werden. Wie jede andere Disziplin arbeitet auch die unsere mit den Kräften, die sich ihr anvertrauen. Unsere Aufgabe ist es, diese Kräfte zu größtmöglicher Entfaltung und Förderung zu bringen.

So muß das klar erschaute Ziel uns die Wege weisen, die die Rechtswissenschaft zu beschreiten hat. Soll sie ihrer kritischen und schöpferischen Aufgabe gerecht werden, dann bedarf sie der Kenntnis der realen Vorgänge des Lebens. Nur wer die Lebensverhältnisse kennt, kann die Zwecke erkennen, die die gesetzlichen Bestimmungen verfolgen, nur er kann sie kritisch bewerten und ihre Tragweite erfassen, nur er sich mit Erfolg in den Dienst der Rechtsfortbildung stellen. So erschließt sich beispielsweise das Verständnis des Grundpfandrechtes im allgemeinen oder der Eigentümerhypothek im besonderen nur demjenigen, der eine zutreffende Vorstellung vom heutigen Realkreditverkehre besitzt und der die Entwicklung der modernen Geld- und Kreditverhältnisse in ihren Hauptzügen verfolgt hat. Ebenso sind das gemeine und bäuerliche Erbrecht der Niederschlag der ökonomischen Entwicklung und zugleich zielsetzende Stellungnahme zu derselben. Die Neuerungen des Familienrechtes werden nur verständlich durch die Wandlungen, die die Stellung des Mannes, der Frau, des Kindes, in den tatsächlichen Verhältnissen erfahren hat. Und daß dieser Einblick bei den Gesetzesauslegungen und -ergänzungen nötig ist, möge der Hinweis auf die Auslegung von Eigentumsbeschränkungen oder auf den Kampf zwischen der Freiheit des Individuums und der Macht der Verbände erhärten. Gerade dieses letztere Problem verweist auf ein wichtiges Feld der schöpferischen Rechtsprechung und Rechtslehre. Wer aber beurteilen soll, wie weit die Bindung eines Arbeitgebers oder eines Arbeitnehmers durch die Verbände gehen dürfe und wann sie unsittlich zu werden beginne, muß die Interessen, die Güter kennen, um deren Wahrung es sich hüben und drüben handelt. — So ertönt denn auch in der reichen heutigen Reformliteratur am lautesten der Ruf nach umfassender wirtschaftlicher Ausbildung der Juristen. Der realistische Geist, der die Kulturwelt erfüllt, der Tatsachenhunger unserer Generation und wohl auch ihre naturwissenschaftliche Denkweise erhalten damit einen denkbar kräftigsten Ausdruck.

Die schweizerische Privatrechtswissenschaft hat gewiß ein volles Verständnis für die Bedeutung dieser Postulate. Wie wäre es auch anders möglich bei der ihr traditionell zukommenden und vom neuen Gesetz in aller Form eingeräumten hohen Aufgabe. Immerhin bedingen die eigenartigen Verhältnisse des schweizerischen Rechtslebens, auf die schon hingewiesen wurde, wie insbesondere unsere Gerichtsorganisation, daß manche Postulate nicht von der Dringlichkeit sind, die ihnen anderswo zukommen mag. Manches ist von unseren Hochschulen wohl auch schon vorweggenommen, so wenn der Ausbau der juristischen Fakultäten in rechts- und staatswissenschaftliche Fakultäten verlangt wird. Diese Organisation ist an den deutschschweizerischen Universitäten mit gutem Bedacht von Anfang an durchgeführt worden. So räumte schon das zürcherische politische Institut, der Vorläufer unserer Hochschule, nicht nur den öffentlich-rechtlichen Vorlesungen und der Geschichte unter besonderer Bezugnahme auf die Entwicklung der Staatsverfassungen, sondern auch der Nationalökonomie und selbst schon der Statistik einen sehr bedeutenden Platz ein. Und wenn anderswo nunmehr mit besonderem Nachdruck die Ergänzung der Sozialökonomie durch die Privatökonomie verlangt wird, dürfen wir darauf hinweisen, daß der Staat Zürich der erste war, der der jungen Disziplin ein Hausrecht in der Universität einräumte. Ganz besonders liegen auch die seither in dankenswertester Weise durch Männer der Praxis übernommenen Vorlesungen vollkommen in der Richtung der jüngsten Wandlungen der Rechtswissenschaft und der in Deutschland angestrebten Unterrichtsreform.

Das Ziel liegt dabei keineswegs nur in der Vermittlung der Kenntnisse des wirtschaftlichen Lebens in seinen wichtigsten Erscheinungsformen und in seiner technischen Abwicklung. Vielmehr gelangen schon in diesen Vorlesungen auch die Beziehungen der wirtschaftlichen Vorgänge zum Recht zur Darstellung, die von anderer Seite aus wiederum von der Rechtswissenschaft aufgedeckt werden. Wir erhoffen deshalb von diesen Vorlesungen und Kursen ein lebendigeres Erfassen der Funktionen der Rechtssätze als der Regelung der Lebensverhältnisse und ein Verständnis für die Notwendigkeit einer systematischen und weit über die Zufälligkeiten der persönlichen Erfahrung bewußt hinausgehenden Betrachtung der Lebenstatsachen. Und darin liegt das Wertvollste der privat- und sozialökonomischen Ausbildung der Juristen, darin auch das Kriterium für die Bewertung dieser Studien: nicht sowohl in den positiven Kenntnissen als in der Schulung des Blickes für das Wesentliche und Typische, in der Schärfung der Beobachtungsgabe, in der Entwicklung des Sinnes für die Zusammenhänge des sozialen Geschehens.

Aber die Betrachtungsweise der Lebenserscheinung durch den Juristen ist eine verschiedene nach der Aufgabe, die er verfolgt. Sie ist eine andere für den Gesetzgeber und den Rechtsgelehrten als für den Richter. Nur jene befolgen eine Beobachtungsmethode, die derjenigen des Sozial- und Privatökonomen wenigstens verwandt ist. Sie erforschen in den Einzelerscheinungen das Typische und Allgemeine. Der Richter dagegen muß gerade das Eigenartige und Besondere des Einzelfalles in aller Schärfe erfassen. Er bedarf somit noch einer besonderen Lebenskunde, die ihm keine Volks- und Privatwirtschaftslehre zu bieten vermag. Er muß die konkreten Lebensvorgänge in ihren Ursachen, Zusammenhängen und Abwicklungen scharf beobachten und lebendig erschauen können. Vieles wird hier freilich stets nur eine lange Erfahrung zu erreichen vermögen. Aber die Erfahrung ist ein teurer Lehrmeister, und die Zeche haben leider die Volksgenossen, die ihr Recht suchen, zu bezahlen. Und schließlich gewährleistet alle aufgehäufte Erfahrung doch noch nicht eine sichere Methode der Wahrheitserforschung. Die Rechtswissenschaft muß somit eine Wahrheitserforschungslehre bieten. Durch diese wird sie zur angewandten Psychologie. Und zwar muß sich auch diese Betrachtungsweise sowohl auf das Soziale wie auf das Individuelle erstrecken. Die Sozialpsychologie erschließt dem Juristen die Vorgänge bei der Bildung allgemeiner Urteile und Vorurteile, bei der Entstehung von Sitten und Gebräuchen, von Gewohnheitsrecht und Gesetz, sie zeigt ihm die Gründe und Grenzen des Rechtsgehorsams und die seelische Verfassung der Parteien und Stände des Volkes.

Die Individualpsychologie vermittelt ihm ein vertieftes Verständnis der richterlichen Tätigkeit. Vor allem aber dient die Psychologie der Parteien, der Zeugen, der Sachverständigen unmittelbar der Wahrheitserforschung. Hierin liegt die wichtigste Aufgabe der forensischen Psychologie. Sie hat eine Anleitung zu methodisch richtigem Beobachten der Lebensvorgänge, wie beispielsweise zur richtigen Zeugenbefragung zu geben. Diese richtige Methode der Beobachtung unter Ausschaltung der Fehlerquellen der Einzelbeobachtung kann sehr wohl gelehrt und angeeignet werden, und es darf nicht den Zufälligkeiten der Praxis überlassen bleiben, ob sie dort entwickelt wird. Und noch weniger geht es an, sich auf die intuitive Erfassung derselben zu verlassen. Die Gefahr ist zu groß, daß der Richter nur sein eigenes Seelenleben in die seelischen Vorgänge hineinprojiziere, die er zu beobachten und zu würdigen hat. Dieser Gefahr entgeht er nur, wenn er von der „Täuschbarkeit der subjektiven Evidenz“ durchdrungen ist. Dies setzt aber psychologische Schulung und methodisches Beobachten voraus. So muß die Rechtswissenschaft eine Methode der Beobachtung der äußeren und inneren Lebensvorgänge ausbilden und vermitteln. Die Vermittlung kann aber nur in der kritischen Anwendung selbst erfolgen. Nach dieser Richtung werden unsere Seminarien noch einen weiteren Ausbau erfahren müssen. Schon seit Semestern sucht unsere Fakultät auch den Anschluß an eine Rechtsauskunftsstelle zu erlangen, leider bisher erfolglos. Das wertvollste einer solchen juristischen Poliklinik läge in erster Linie in der uns damit gebotenen Möglichkeit einer angewandten Wahrheitserforschungslehre, in der Möglichkeit einer systematischen Schulung der Beobachtungsgabe.

Die Tatsachenerforschung bildet aber nicht nur deshalb einen wichtigsten Gegenstand der Rechtswissenschaft, weil es in jedem einzelnen Fall nur eine Wahrheit gibt, sondern auch deshalb, weil eine lebendige Erschauung der Wirklichkeit auch für die richterliche Streitentscheidung den sicheren Weg weist. So bedarf bekanntlich ein jedes Rechtsgeschäft, das zu Zweifeln Anlaß gibt, zunächst der Auslegung. Diese Auslegung muß „nach dem Laienverstand“ erfolgen, ohne jede Rücksicht auf die juristische Konstruktion und ohne gelehrte Erforschung des angeblichen Willens der Parteien, lediglich nach der Anschauung, welche die Volksgenossen von dem konkreten Verhalten, das zu beurteilen ist, hegen. Diese Interpretation ergibt dann aber oft bereits eine ganz bestimmte Antwort auf die Frage, die im Streite liegt. Dann erheischt der Fall überhaupt keine Gesetzesanwendung. Er findet seine Lösung schon in einem frühern Stadium der Behandlung. Die Lösung liegt in der Auslegung des Parteiverhaltens, diese Auslegung aber ist dem Leben selbst abgelauscht. So einfach diese Grundsätze sind, so wird doch auch von unseren Gerichten immer noch gegen sie verstoßen. Der Jurist ist immer noch zu rasch mit dem Gesetze zur Stelle, statt sich zu bescheiden, das Leben zu betrachten, und wenn möglich die Lösung zu finden, die in diesem selbst schon liegt.

Doch die Rechtswissenschaft ist keine Naturwissenschaft. Schon ihre Wahrheitserforschungslehre ist eine andere als die jeder anderen Disziplin und bezweckt die wahre Erfassung des juristisch Erheblichen in jedem Tatbestand. Und die weite Welt des Realen bleibt ihr nur das Objekt der Regelung, das zu Regelnde. Die Regeln, die Normen treten diesem Objekt selbständig gegenüber, und sie bilden den engeren Gegenstand der Rechtswissenschaft. Da die Normen Werturteile sind, ist die Rechtswissenschaft wie die Sittenlehre eine Wertlehre. Dabei beschränkt sich ihre Aufgabe keineswegs auf die Darstellung der Gesetznormen. In der Auslegungstätigkeit und Lückenausfüllung ist sie selbst fortwährend bewertend und damit normbildend und schöpferisch tätig. Diese Aufgabe bestimmt auch die Methoden der wissenschaftlichen Rechtslehre.

Zunächst wird auch diese sich immer wieder auf den Gegenstand der Normen, die tatsächlichen Verhältnisse und auf die Funktionen der Rechtssätze im Leben besinnen müssen. So erblicken wir in der juristischen Soziologie eine bedeutsame Erweiterung des rechtswissenschaftlichen Arbeitsfeldes.

Sie ist die Lehre vom — außergerichtlichen — Leben des Rechts. Wer nur das Gesetz kennt, kennt noch bei weitem nicht die Gestaltung des Rechtsverkehrs. Die formale und die tatsächlich befolgte Ordnung können sehr weit auseinandergehen. Wir wollen aber das Recht kennen lernen, wie es lebt, nicht nur wie es im Buche steht. Manche gesetzliche Bestimmung steht nur auf dem Papier. So gewährt uns denn erst die Kenntnis des Rechtsverkehrs eine juristische Bedeutungslehre, einen Einblick in die wirkende Natur und Funktion der Rechtssätze. Miet- und Pachtverträge, Lieferungs-, Versicherungs-, Kreditgewährungsverträge, Kaufvereinbarungen, Statuten von Vereinen, Aktiengesellschaften und Genossenschaften sollen durchaus nicht nur einem kümmerlichen Anschauungsunterricht dienen, sondern sie sollen uns, in großer Zahl gesammelt und kritisch durchforscht, zu einer systematischen Erfassung der Rechtswirklichkeit verhelfen. Das an unserer Fakultät errichtete Bilanzarchiv kann uns auch nach dieser Richtung wertvolle Dienste leisten. So erfahren wir, inwieweit das Gesetz sich durchzusetzen vermochte und inwieweit es mit seinen dispositiven Normen den Anschauungen und Bedürfnissen des Verkehrs entspricht. So wird jede einläßliche Untersuchung über Zahl und Inhalt der Eheverträge oder über die Bildung von Gemeinderschaften besonders unter Miterben oder über die Anwendung des Gültrechtes des neuen Gesetzbuches unseres angelegentlichsten Interesses versichert sein können. Der sichere Einblick in die Übungen des Lebens dient aber auch der unmittelbaren richterlichen Gesetzesauslegung und Lückenausfüllung. Denn in ihnen liegt ein gut Stück der Überlieferung, auf die das Gesetz (Art. 1 Abs. 3) den Richter für diese seine Aufgaben verweist.

Die kritische und normative Aufgabe der Rechtswissenschaft weist uns ferner auf das richterliche Recht als bedeutungsvolles Forschungsmaterial hin. Die heutige Literatur ist einstimmig in der Verurteilung des Präjudizienkultus durch den Richter. Jeder Einzelfall weist seine Besonderheiten auf. Und auch soweit dies nicht der Fall ist, soll der Richter der Gerichtspraxis doch nur folgen, solange sie sich als eine bewährte qualifiziert. Dagegen stellt sich die Rechtsprechung auf alle Fälle als eine so bedeutende Äußerung des Rechtslebens dar, als ein so reiches Material an richterlichen Werturteilen, daß sie die angelegentlichste Berücksichtigung durch die Rechtswissenschaft erheischt. In der aufmerksamen Verfolgung der Rechtsprechung und aller ihren Regungen und Tendenzen liegt eine besonders wichtige Betätigung der kritischen Rechtswissenschaft und oft genug ist dies die Form ihrer Mitwirkung bei der Ausgestaltung und Fortbildung des Rechtes.

Der tiefere Einblick in den politischen Charakter der rechtswissenschaftlichen Tätigkeit weist auch dem Studium der Gesetzesmaterialien eine erhöhte Bedeutung zu. Daß diesen keine Gesetzeskraft zukommt und der Richter nicht an sie gebunden ist, bedarf heute keiner Ausführungen mehr. Aber wenn gerade die jüngere Richtung in der Rechtswissenschaft die Berücksichtigung der Materialien völlig ablehnt und diese als überflüssig, ja schädlich am liebsten vollständig ausschalten möchte, ist dies nur erklärlich als Reaktion gegen die Schäden der frühern sogenannten dogmatisch-historischen Auslegung und als Ablehnung der Motive zum ersten Entwurf des d. BGB. Die Materialien zum ZGB. verdienen — ganz besonders für die Jahre des Übergangs — alle Beachtung, weil sie die Begründung der in das Gesetz aufgenommenen Werturteile enthalten, — weil sie vorzüglich zur Schulung des kritischen Denkens geeignet sind. Sie bieten gerade nicht eine formaljuristische, sondern eine kritische und „soziologische" Darstellung des Zivilrechtes.

Wenn wir in den gesetzlichen Bestimmungen Werturteile zu erblicken haben und uns die Aufgabe zukommt, selbst werturteilend und normbildend zu sein, dann kommt aber auch der Rechtsvergleichung eine hervorragende Aufgabe zu. In der sogenannten Zivilistik des 19. Jahrhunderts wurde ihr Wert im allgemeinen niedrig eingeschätzt Aber in der deutschrechtlichen Forschung bedingte der Stand der Quellen von Anfang an ein rechtsvergleichendes Arbeiten und diese Methode erwies sich als fruchtbar. Ebenso hat die schweizerische Privatrechtswissenschaft der letzten fünfzig Jahre beinahe überwiegend rechtsvergleichend gearbeitet und im Zivilgesetz liegt nicht zuletzt auch eine Frucht dieser Forschungsmethode. Die vergleichende Gegenüberstellung verschiedener Rechte schärft den Blick für das Wesentliche und läßt das Zufällige leicht als solches erkennen. Sie wirft oft ein überraschend scharfes Licht auf die rechtlichen Entwicklungstendenzen. Sie fordert auch zu kritischer Beurteilung förmlich heraus und ist auch deshalb geeignet, die funktionelle Bedeutung und die praktische Tragweite der Gesetzesbestimmungen ins helle Licht zu rücken. Sie deckt die Besonderheiten unseres Rechtes auf und veranlaßt uns, den Gründen dieser Besonderheit nachzugehen. Sie lernt uns fremde Rechte kennen, verstehen und richtig einschätzen. Sie befreit die Wissenschaft von den nationalen Schranken, in denen die Rechtsentwicklung sich formell abspielt.

So wird die schweizerische Privatrechtswissenschaft sich die Vorteile nicht entgehen lassen, die sich besonders aus der durchgängigen Vergleichung des schweizerischen Gesetzbuches mit einer anderen modernen Kodifikation, mit dem deutschen Bürgerlichen Gesetzbuch ergeben. Doch läge in der vergleichenden Heranziehung nur der Gesetzesnormen eine völlig willkürliche Beschränkung. Es gilt also auch die Rechtsprechung und die Wissenschaft dieses neuen Rechtes in ihren Ergebnissen zu verfolgen. Dabei ergibt sich eine sehr bestimmte Stellungnahme zu diesen Ergebnissen durch die Nachprüfung der Methode, mit welcher sie gewonnen wurden. Soweit die Urteile eines deutschen Gerichtes oder auch die Sätze der Wissenschaft lediglich mit den Mitteln der Begriffsjurisprudenz begründet werden, entbehren sie für uns des inneren Wertes. Denn sie beruhen auf dem Wortlaut und den formalen Zusammenhängen des Gesetzestextes, somit auf Momenten, die für uns Zufälligkeiten bedeuten. Eine derartige Theorie oder Praxis ist nur geeignet, unsere Juristen zu verwirren, und man kann deshalb auf sie nur Bezug nehmen, um vor ihr zu warnen. Es sei beispielsweise auf die Judikatur höherer und höchster deutscher Gerichte über die Formfehler von Testamenten und anderen formbedürftigen Rechtsgeschäften hingewiesen. Bei der Gleichartigkeit der wirtschaftlichen, sozialen und kulturellen Verhältnisse sind uns dagegen die von der deutschen Wissenschaft und Rechtsprechung in methodisch richtiger Weise als Werturteile aufgestellten Regeln ein Rechtsstoff von höchster Bedeutung. Es sei nur an die Entscheidungen und Lehren zu BGB. § 242 und § 826 erinnert. Die deutsche Rechtswissenschaft zu ignorieren, wie man uns hat zumuten wollen, wäre deshalb geradezu verhängnisvoll. In der andauernden kritischen Verfolgung ihrer Ergebnisse und in der Nachprüfung derselben auf ihren gemeingültigen Gehalt hin liegt eine sehr große und umfangreiche Aufgabe der schweizerischen Privatrechtswissenschaft, aber eine Aufgabe, deren Lösung das eigene Recht bereichern und in seiner Selbständigkeit nicht etwa beeinträchtigen, sondern vielmehr stärker wird.

Der methodische Ausgangspunkt, den uns die Aufgaben der Rechtswissenschaft bieten, sollte aber auch zu einer sicheren Beurteilung der Rechtsgeschichte und ihrer Bedeutung für die moderne Rechtswissenschaft verhelfen. Fast das ganze 19. Jahrhundert hindurch erfreute sich die geschichtliche Methode in der Rechtswissenschaft einer beinahe völlig unangefochtenen Herrschaft und prägte ihr den Charakter einer historischen Disziplin auf. Aber um die Jahrhundertwende setzte die Reaktion ein. Auf verschiedenen Wegen wird ein neues Naturrecht zu gewinnen versucht und die Revision der juristischen Methodenlehre weist ausgesprochen antihistorische Tendenzen auf. Gegen die bisherige rechtsgeschichtliche Methode wird hauptsächlich ins Feld geführt: Die Aufgaben der Rechtswissenschaft lägen ganz und gar im Rechte und Rechtsleben der Gegenwart. Sie seien auf die Erkenntnis und Verwirklichung des Gerechtigkeitsideals mit den Mitteln und in den Schranken der heutigen Rechtsordnung gerichtet. Ihre Ziele würden ihr durch einen vorwärts gerichteten praktischen Idealismus gewiesen. Deshalb könne die Rechtsgeschichte nicht ein Bestandteil oder gar die Grundlage der Rechtswissenschaft sein. Den Bedürfnissen des Rechtslebens und der Rechtsprechung vermöge sie nicht zu dienen. Denn sie sei eben Geschichts-, nicht Rechtswissenschaft. Die Betrachtungsweise beider sei eine völlig verschiedene, diejenige der Rechtsgeschichte sei kausal, diejenige der Rechtswissenschaft teleologisch. Jene antworte auf eine Frage, die diese gar nicht stellt. Die Rechtswissenschaft frage nach dem Wozu, und die Rechtsgeschichte antworte mit dem Woher. Ihre Antwort liege nicht in der Richtung unseres Erklärungsbedürfnisses. Sie decke ursächliche Zusammenhänge auf, während die Rechtswissenschaft die Erscheinungen auf ihre soziale Zweckmäßigkeit hin nachprüfe und danach werte. Wir wollen die bestimmenden und rechtfertigenden Gründe eines Rechtssatzes kennen, die Art der geschichtlichen Entstehung desselben könne uns gleichgültig sein.

Die Methode der historischen Schule habe aber umgekehrt auf die kritische Bewertung völlig verzichtet. Die Vernünftigkeit sei für sie hinreichend schon in der Existenz der Rechtsinstitute begründet gewesen. Eine eigene kritische Betrachtungsweise habe die historische Schule abgelehnt. Sie habe sich auf die genetische Erklärung beschränkt. Nach absoluten Wertmaßstäben zu suchen, wäre von ihr auch als eitles Bemühen abgelehnt worden. So sei die historische Forschung zu „jener Manier, die nur darstellt und beschreibt, aber nie mit einem Urteil lästig werden will" geworden und einem Relativismus verfallen, der in Skeptizismus ausarten müsse. — Von anderer Seite wird in Anlehnung an die geschichtsphilosophischen Untersuchungen von Windelband, Rickert, Simmel u. a. m. darauf hingewiesen, wie für die Geschichtswissenschaft die von ihr angestrebte reine Objektivität unerreichbar sei. Sie müsse von Anfang an mit einem Ausleseprinzip an die Fülle der Erscheinungen herantreten und müsse sie somit bewerten, um das Wesentliche und Unwesentliche auszuscheiden. Das geschichtliche Denken sei nicht das objektive Denken des Naturforschers oder des Mathematikers, sondern es sei ein kritisches, von Rickert sogenanntes wertbeziehendes Denken. Die Maßstäbe aber, die der Geschichtsforscher anlegt, findet er nicht in der Geschichte selbst, er müsse sie sich vorher schon gebildet haben. Der Geschichtsforschung gehe somit eine Besinnung auf normativ allgemeine Werte, soziale Kulturwerte, voraus.

Gerade diese Untersuchungen decken nun aber das Wesensverwandte der geschichtlichen und juristischen Arbeitsweise und die Bedeutung der ersteren für die letztere auf. Was heute für die Gegenwartswissenschaft postuliert wird, hat die rechtsgeschichtliche Wissenschaft des 19. Jahrhunderts in vorbildlicher Weise für die früheren Perioden unternommen. Sie hat sich, selbst schon zu einer Zeit, als die Naturwissenschaften damit nur erst teilweise begonnen hatten, der gründlichen sorgfältigen Tatsachenforschung hingegeben. Die deutsche Rechtsgeschichte hat dann aber auch — wiederum früher als die anderen geschichtlichen Disziplinen — die Zusammenhänge zwischen den wirtschaftlichen und sozialen Verhältnissen und dem Recht und dem Rechtsleben aufzudecken versucht. Die Rechtsgeschichte hat eminent soziologisch im Sinn unserer obigen Ausführungen gearbeitet. Vor allem aber hat sie den Entwicklungsgedanken mit aller Lebendigkeit erfaßt und auf das fruchtbarste verwertet, wiederum ehe er in den Naturwissenschaften zur vollen Herrschaft gelangte. All das macht uns gerade heute die geschichtliche Methode völlig unentbehrlich. Von der Rechtsgeschichte gilt was von der Rechtsvergleichung: Durch die Betrachtung seines Werdens wird uns die Eigenart des heutigen Rechtes ungleich lebendiger bewußt als wenn wir es in seiner Isoliertheit hinzunehmen hätten. Die Rechtsgeschichte deckt uns die gewesenen Rechtsordnungen auf als Voraussetzungen, Vorstufen und Kräfte der heutigen Rechtsordnung. Ebenso können die Wechselwirkungen zwischen Recht und Wirtschaft und somit die funktionelle Bedeutung der Rechtsnormen gar nicht hinlänglich an den Verhältnissen erhärtet werden, in denen wir mitten drin stehen. Und gar die stete Wandlung und Entwicklung des Rechts! Gerade diese muß dem modernen kritischen Juristen zu lebendigem Bewußtsein gebracht werden. Er muß mit sicherem Blick die feinsten Regungen der heutigen Rechtsentwicklung verfolgen können. Er muß allen Sinn für das Leben des Rechtes haben. Er muß erkennen, wie sehr das Recht nach zehn- oder zwanzigjähriger Geltung des gleichen Gesetzes ein anderes sein kann. Dieses Leben des Rechts erschließt ihm aber nur der Entwicklungsgedanke und diesen kann ihm nicht das gegenwärtige Recht als solches, sondern nur als historisches Phänomen vermitteln. Und endlich gilt von der Rechtsgeschichte noch mehr als von der Rechtsvergleichung, daß sie die großen Entwicklungsrichtungen, die sich in der Vergangenheit wirksam erwiesen und in denen die Menschen der Gegenwart mitten drinnen stehen, aufzudecken vermag. So kann denn beispielsweise nur derjenige ein richtiges Augenmaß für die Stellung des Individuums in den Verbänden, wie etwa in der Familie erhalten, der die völlig andere Stellung von ehedem als Vergleichsmaßstab zur Verfügung hat. So kann das feine Sensorium für den individualistischen und für den sozialen Gehalt der heutigen Eigentumsordnung wohl wiederum nur dem zukommen, der erkannt hat, wie diese Ordnung aus einstiger Gebundenheit zur Freiheit sich durchrang und wie, wie weit, warum sich Elemente der alten sozialen Ordnung erhielten und die jüngste Gestaltung der Verhältnisse wieder neue Formen der Gebundenheit hinzufügte. So muß die vielberufene soziologische Rechtserkenntnis geschichtliche Rechtserkenntnis sein.

Darauf muß mit ganz besonderem Nachdruck vom Standpunkt der schweizerischen Privatrechtswissenschaft aus hingewiesen werden. Diese hat, wie schon gezeigt wurde, nie verkannt, daß der Jurist für die Gegenwart berufen und daß die Förderung und Wahrung des bestehenden Rechtes seine Aufgabe sei. Aber die Eigenart dieses Rechtes machte eine geschichtliche Betrachtungsweise je und je zur Notwendigkeit. Unser Privatrecht war zu tief in der Geschichte verankert, zu sehr ein Produkt jahrhundertelanger Entwicklung und der Erfahrungen von Generationen, als daß es eine von diesen Zusammenhängen abgelöste Betrachtungs- und Behandlungsweise ertragen hätte. Seit wir eine schweizerische Privatrechtswissenschaft haben, erwies sich denn auch das geschichtliche Studium des einheimischen Rechtes als der beste Hort gegen Ratlosigkeit und Willkür wie gegen eine bloß formale, dem Wesen der Rechtseinrichtungen und den Anforderungen der Gerechtigkeit widerstrebende Behandlung. Und die lebendige entwicklungsgeschichtliche Erfassung des Rechts brachte denn auch die schöpferischen Taten zur Auslösung. Die großen Werke der schweizerischen Privatrechtswissenschaft sind getragen von der geschichtlichen Erkenntnis, erfüllt von historischem Geiste: das zürcherische und das schweizerische Zivilgesetzbuch. Damit ist auch der Wissenschaft des neuen Rechtes der Weg gewiesen. Dieses Recht kann lebenswahr nur dargestellt werden als das Ergebnis der gesamten geschichtlichen Entwicklung. Die richtige Methode kann nur in einer Synthese der kritischen und der historischen Arbeitsweise bestehen.

Nur unter der Mithilfe der geschichtlichen Betrachtungsweise vermögen wir endlich, die Rechtslehre zu einem Teil der allgemeinen Kulturlehre zu erheben und doch ist dies eine Anforderung, die wir an die Rechtswissenschaft stellen müssen, wenn unsere Auffassung über das Wesen der Rechtssätze richtig ist. Die Rechtsregeln sind als Werturteile aufs engste verbunden mit der allgemein kulturellen Beurteilung der Lebenstatsachen. Das Recht, selbst eine großartige Kulturerscheinung, ist abhängig von der allgemeinen Kultur. Diese findet ihren schärfsten Ausdruck in der dominierenden Lebensanschauung einer Zeit, in ihrer philosophischen Orientiertheit. So hängt das positive Recht enge mit den Wandlungen der philosophischen Anschauungen zusammen. Das gilt nicht nur für das öffentliche, sondern auch für das private Recht. Das preußische allgemeine Landrecht von 1794 ist erfüllt von naturrechtlichen Sentenzen. Der code civil von 1804 ist von dem gleichen Geiste getragen wie die Deklaration der Menschenrechte von 1789 und diese sind das Glaubensbekenntnis der rationalistischen Philosophie. — Unsere zivilrechtliche Bundesgesetzgebung der Jahre 1874 bis 1883 über Zivilstand und Ehe, die Handlungsfähigkeit, das Obligationenrecht verleiht der Lebensanschauung des Liberalismus einen oft recht zugespitzten Ausdruck und stellt auch die Privatrechtsordnung mit Entschiedenheit auf den Boden jenes Individualismus, der in den subjektiv-öffentlichen Rechten unserer Bundesverfassung einen so lapidaren Ausdruck erhalten hat. Aber seither hat das sittliche Bewußtsein tiefe Wandlungen durchgemacht und die neue Art, das Verhältnis des Individuums zur Gemeinschaft zu bestimmen, beherrscht das Zivilgesetz und das revidierte Obligationenrecht.

Der Jurist muß sich dieser engen Zusammenhänge bewußt sein. Denn nur sie decken Ziel und Zweck der Normen auf. Er muß es aber auch deshalb, weil sich diese Abhängigkeit von der allgemeinen Kultur keineswegs auf das gesetzte Recht beschränkt. Sie gilt auch für jene weiteren Rechtsquellen, auf die das ZGB. verweist, für das Gewohnheitsrecht und die Überlieferung. Im Leben des Rechtes unter dem Gesetz und neben dem Gesetz vollziehen sich feine Wandlungen in denen sich die Änderungen in den allgemeinen und allgemeinsten Anschauungen der Zeit widerspiegeln. Also auch bei der Gesetzesauslegung und bei der Lückenausfüllung erweist sich das Recht als eine Äußerung der allgemeinen Kultur. So erklärt das Obligationenrecht unsittliche Verträge für nichtig. Aber der Eingeweihte weiß, welche Wandlungen die Anschauungen über sittlich und unsittlich erfahren haben, weiß, daß die Grenzen der Vertragsfreiheit heute bei gleichgebliebenem Wortlaut des Gesetzes sehr viel enger sind als vor dreißig Jahren.

Schon diese Hinweise zeigen, daß die bewertende Tätigkeit der Rechtswissenschaft und der Rechtsprechung den Juristen immer wieder bis auf die grundlegenden Probleme aller sozialen Gestaltung hinabführen. Die einfache Frage, ob der Grundeigentümer einige Dezimeter von der Grenze entfernt einen Stacheldraht ziehen darf oder ob der Nachbar ein Verbot auswirken kann, führt auf die Grundprobleme des Eigentumsrechtes und seiner individualistischen oder sozialen Ausgestaltung zurück. Die Frage, ob eine bestimmte Bindung des Müllereibesitzers, der Bierbrauerei oder sonst eines Gewerbetreibenden oder des Arbeiters durch das Statut seines Verbandes und die von ihm versprochene Konventionalstrafe eingeklagt werden kann, beschwört eine Betrachtung der Grundstruktur der heutigen Gesellschaft herauf. Gerade deshalb darf die Beurteilung nicht nach dem Gefühl erfolgen. Dieses erliegt den Strömungen und Tendenzen des Tages, den Eindrücken der Stunde. Es führt zu einem unkontrollierbaren Subjektivismus und zu Willkür. Es ist wehrlos gegen das Eindringen einer Klassenjustiz nach der einen oder anderen Seite hin.

Unsere Aufgabe ist es demgegenüber gerade, zu einer Urteilsbildung zu gelangen, die auf Gemeingültigkeit Anspruch erheben darf. Somit kommt alles darauf an, einen sicheren Standpunkt für die Bewertung zu gewinnen. Der Wertmaßstab liegt nicht schon in den Dingen selbst. Er liegt nicht in den Übungen des Lebens, nicht in den Präjudizien und Motiven und er wird uns auch nicht durch Rechtsvergleichung und Rechtsgeschichte vermittelt. Er kann uns nur in einer allgemeinen Wertlehre geboten werden. Dies ist denn auch der Punkt, von dem aus für die Rechtswissenschaft wie für die anderen Geisteswissenschaften der Weg zur Philosophie gewiesen wird. Logik und Erkenntnistheorie bieten uns nicht nur eine allgemeine Wissenschaftslehre, die uns besagt, ob und inwieweit die Rechtslehre eine Wissenschaft sei, sie allein bieten uns auch die — für jede Wissenschaft unerläßliche — Methodenkritik und sie allein vermögen auch für unsere Disziplin die Prinzipien der Wertbildung zu entwickeln oder zu lehren, ob, inwieweit und wie wir zu objektiv richtigen, wahren, gemeingültigen Urteilen gelangen können. —

Ich bin mir wohl bewußt, daß den Laien in jeder Disziplin zumeist die Ergebnisse mehr interessieren, als die Art, wie sie gewonnen werden. Wenn ich trotzdem in beiden Reden, die das Amt des Rektorates mir zur Pflicht macht, und zugleich als Ehre einräumt, Fragen der juristischen Methodik behandelte, liegt das an der hervorragenden Bedeutung, die diese Probleme gerade im gegenwärtigen Stadium der schweizerischen Rechtsentwicklung haben. Stolze Aufgaben sind's, die uns zugewiesen. Das neue Recht bedarf der Pflege, der Befestigung, des Ausbaues. Zu einem guten Teil liegt es bei den Juristen selbst, ihren Anteil an dieser Aufgabe zu bestimmen. Die Stunde ruft sie auf, die Führung zu übernehmen. Der Allgemeinheit wird es zukommen, die Arbeit ihres Standes zu würdigen. Seit es eine schweizerische Rechtswissenschaft gibt, gibt es auch ein bald stärker bald schwächer kundgetanes Mißtrauen gegen die Juristen. Dieses hat den gleichen Grund wie das Mißtrauen, das das schweizerische Volk so lange gegen den privatrechtlichen Gesetzgeber, zuerst in den Kantonen, dann im Bund gehabt hat. Es ist kein Zufall, daß der letztere die Kompetenz zum Erlaß eines Zivilgesetzbuches erst volle fünfzig Jahre nach der Entstehung der neuen Eidgenossenschaft erhalten hat. Das Volk wollte nicht sein Recht, das es kannte und als wertvollen Kulturbesitz hochschätzte, gegen ein gelehrtes, ihm fremdes Juristenrecht dahingeben. Aber das Mißtrauen schwand, als es erkannte, daß in neuer besserer Form ihm sein eigenes urwüchsiges Recht wiedergegeben, ja erst recht zugänglich gemacht würde. Ebenso wird es der Arbeit der Juristen die Anerkennung nicht versagen, wenn es nur erst der aufbauenden Mitarbeit der Rechtswissenschaft sicher sein kann, wenn es aus unsern Taten zu erkennen vermag, daß die Rechtswissenschaft nicht auf tote Begriffe und enge Schablonen eingestellt ist, sondern überall in der Auslegung des Gesetzes und der Lückenausfüllung darauf, dem Leben zu dienen und überall der materiell bestmöglichen Lösung zum Durchbruch zu verhelfen. Mit dem Volk haben auch bedeutende große Männer Worte scharfer Verurteilung gegen die „Rechtsgelehrsamkeit", gegen die „elende Juristerei", gegen diese „illiberalste Wissenschaft" gefunden. Und mehr als ein hervorragender Jurist hat eingestanden, daß sie ihm nur eine „Zwangs-, Not- und Brotwissenschaft" gewesen sei. Das ist überaus seltsam einer Wissenschaft gegenüber, deren großartiges Studienobjekt nichts anderes als die Regelung des menschlichen Zusammenlebens selbst ist, deren Betätigung des künstlerischen Einschlages, des schöpferischen Charakters nicht entbehrt und deren Ziel kein niedrigeres als die Gerechtigkeit ist. Aber ein näheres Zusehen zeigt auch, daß jene Urteile zumeist gerade jener Jurisprudenz galten, gegen die auch das Volksempfinden stets in aller Schärfe reagiert hat, die nicht das Leben, sondern nur die juristischen Formen und Formeln kannte und in konstruktive Künsteleien verfiel. Es ist ein keckes Wort, das ein deutscher Rechtsgelehrter aussprach: Die Dialektik sei die unfruchtbarste unter den Gaben des menschlichen Geistes und die Volksauffassung habe sie je und je mit Vorliebe dem Mephisto zugedacht (Ehrlich). Es ist ein gutes Wort, daß auch das Arbeiten des Juristen von jenem Bewußtsein erfüllt sein müsse, das wir immer wieder bei dem Laien als den festesten Besitz seines Rechtsdenkens antreffen: Das Gesetz könne nichts ungerechtes und ungereimtes wollen (Fuchs). Und es liegt ein schönes und stolzes Programm in der Bezeichnung unserer Wissenschaft als der Gerechtigkeitswissenschaft, ein Programm, dessen Befolgung den Juristen einen erweiterten Anteil an der Rechtsprechung sichern wird. Diese Forderung müssen wir schon heute erheben, wenn sie auch ihre volle Bedeutung erst bei der Aufstellung einer eidgenössischen Gerichtsorganisation erhalten wird. Völlig fern liegt es uns, nach einer Gerichtsorganisation nach dem Vorbild der deutschen zu rufen und die Besetzung der Gerichte nur mit Juristen als das Ideal hinzustellen. Jene Forderung aber ist geboten, und sie ist erreichbar wie die Vereinheitlichung des Rechtes erreichbar war, sobald das Volk über die Grundlosigkeit seines Mißtrauens vergewissert ist. Und es wird dies mit der Einsicht, daß sich die juristische Betätigung der Juristen von derjenigen der Laien nicht durch eine andere Zielrichtung, sondern vielmehr nur durch die größere Sicherheit in der Wahrheitserforschung und durch eine sicherere grundsätzliche Behandlung der Rechtsfragen auszeichnet.

Ich glaubte mit der Wahl dieser Themata aber auch der universitas literarum am besten den schuldigen Tribut zu entrichten. Denn so mannigfaltig die sachlichen Berührungspunkte der Rechtswissenschaft mit anderen Disziplinen sind, am bedeutungsvollsten finden sich die Wissenschaften zusammen in den grundlegenden Problemen der Methode. In diesen findet die Denk- und Empfindungsweise der Zeit ihren Ausdruck. Diese gemeinsame Grundlage bedingt in den verschiedenen Disziplinen gleichartige Tendenzen. Auch in der Kunstentwicklung zeitigt sie entsprechende Erscheinungen. Das Charakteristische der neuen Richtung in der Rechtswissenschaft liegt einerseits in dem gesteigerten Tatsachensinn, in einem kräftigen Realismus. Dieser verlangt von uns Lebenskenntnis und psychologisch vertiefte Wahrheitserforschung. Er verlangt aber auch von der Rechtshandhabung Einfachheit, Natürlichkeit, Zweckmäßigkeit. Verwandte Entwicklungstendenzen weisen die Theologie, die Nationalökonomie, die Psychologie, die Kunstbetrachtungslehre und zweifellos in erheblichem Maße die Kunst selbst auf. Die moderne Malerei und Literatur setzten in den neunziger Jahren mit dem Naturalismus ein, die Architektur und das Kunsthandwerk folgten mit ihrem Drange nach Aufrichtigkeit, Natürlichkeit und Sachlichkeit nach.

Aber zugleich erfolgt auch die Neubelebung des Idealismus. Der Intellektualismus wird überwunden. Die Phantasie wird wieder in ihr Recht eingesetzt. Das Gefühlsleben erfährt eine starke Aktivierung. Ein Idealismus des Willens bricht an und kündet als höchstes die schöpferische Tat. Am stärksten und frühesten bricht auch dieser Zug der Zeit auf allen Gebieten der künstlerischen Tätigkeit durch, besonders in der Literatur, in der Malerie, in der Architektur bis hin zur Heimatkunst und zum Kunsthandwerk. Er führt zur Neubelebung des religiösen Lebens und zum sozialethischen Idealismus. Er beherrscht aber auch die Entwicklung der Wissenschaften. Diese treten aus der Isoliertheit heraus, in welche sie nach dem Sturz der klassischen Philosophie getreten waren. Immer mehr Einzeldisziplinen besinnen sich auf ihre Grundfragen und sehen sich so auf methodische Untersuchungen verwiesen, die unweigerlich zur Philosophie hinüberführen. So weisen die Geschichte und die Nationalökonomie, aber auch weite Gebiete der Naturwissenschaften, Methodenkämpfe auf, die denjenigen in unserer Disziplin wesensverwandt sind. So vollzieht sich die Überwindung eines unphilosophischen Materialismus auf der Grundlage der gleichen psychischen Verfassung unserer Zeit wie die Abkehr von der Konstruktivjurisprudenz.

Diese Gesamtentwicklung bringt uns die Befreiung von einer bloß begrifflich formalen Rechtsbetrachtung, die lebendige Erkenntnis von der schöpferischen Aufgabe der Rechtswissenschaft und das starke Bedürfnis, uns auf die allgemeinsten Bedingungen unserer Tätigkeit zu besinnen. Dabei ist es uns ein erhebender Gedanke, in der Besonderung unseres fachlichen Arbeitens eine Ausdrucksform des Lebens und Fortschreitens der allgemeinen Kultur erblicken zu dürfen.

Inhaltsübersicht und Literaturangabe.

Über die Aufgaben der schweizerischen Privatrechtswissenschaft im 19. Jahrh. (S. 30 ff.), vgl. A. v. Orelli, Rechtsschulen und Rechtsliteratur in der Schweiz vom Ende des Mittelalters bis zur Gründung der Universitäten von Zürich und Bern 1879, F. von Wyß sen., Das schweiz. Privatrecht in seinen Beziehungen zur Rechtswissenschaft 1863, Fr. von Wyß jun., Über Rechtsstudium in der Schweiz und Studium des schweiz. Rechts 1874, Eugen Huber, System u. Gesch. d. schweiz. Privatrechts I 1 ff.

Über die Aufgaben der R.-W. unter einer neuen Kodifikation i. A. (S. 32), Zitelmann, Gefahren des bürg. Gesetzbuches für die R.-W. 1896, unter dem ZGB. im besonderen Egger, Personenrecht XXX ff., Gmür, Z. d. bern. J. V. Bd. 41 S. 1 ff.

Der Popularisierung des neuen Rechtes (S. 33 ff.) dienen Isler, Der Übergang vom alten zum neuen Recht im Kanton Aargau 1911, Bühlmann, Das schweiz. ZGB. im Kanton Bern 1912, Egger, Das schweiz. ZGB. in s. wichtigsten Neuerungen, gemeinverst. Zusammenst. h. v. Reg.-Rat des Kantons Zürich, bes. Tuor, Das neue Recht 1912.

Über die dogmatischen Aufgaben der R.-W. (S. 35 ff.) Stammler, Theorie der Rechtswissenschaft, bes. S. 336 ff., Eugen Huber, Bewährte Lehre, S.-A. aus d. pol. Jahrb. d. schweiz. Eidg. 25 S. 10, 42. Jung, Problem des natürl. Rechts 1912 S. 283.

Über die Gefahren der dogmatischen Bearbeitung, Zitelmann l. c., Über Theorie u. Praxis (S. 37), und den Konflikt beider in Deutschland, v. Bülow, Ernste u. heitere Betrachtungen über die R.-W. 123 ff., Über die Verbindung beider in der schweiz. Privat-R.-W., vgl. die Vorträge der beiden v. Wyß, Gmür, Gegenwart u. Zukunft d. schweiz. Zivil- und Handelsrechts 1913.

Über die materielle Eigenart des schweizerischen Zivilrechtes (S. 38) Huber, schweiz. Pr.-R. I 26 ff., IV 175 ff., ders. Deutsches Privatrecht, Schmollers Jahrb. f. Gesetzgebung, Verw. u. Volksw. 20 S. 93 ff., Egger, Schweiz. Rechtsvereinheitlichung u. d. Volkstümlichkeit d. Rechts 1904, ders. Arch. f. R.- u. W.-Phil. II 111 ff.

Über mod. Gesetzgebungstechnik (S. 39) Kohler, A. f. civ. Pr. 96, 345 ff., Zitelmann, Kunst der Gesetzgebung 1904, Hedemann, Werden u. Wachsen im bürgerlichen Recht 1913. Über die Technik des ZGB. vgl. die bei Egger, Personenrecht XX zit. Literatur.

Über die schöpferischen Aufgaben der R.-W. (S. 40 ff.) Bluntschli, Monatschronik der zürch. Rechtspflege VI (1835) S. 185 ff., v. Wyß sen. und jun. in den zit. Vorträgen, Fazy, La centralisation et l'unification du droit en Suisse 1890. Huber, Bew. Lehre l. c. — Für die deutsche Literatur Huber S. 29 ff. und bes. Kohler, Grünhuts Zeitschr. XIII 48 ff. und Iherings

Jahrb. XXV 262ff. Cruet, La vie du droit et l'empuissance des lois 1908 S. 24ff.

Bedeutung und Methoden der juristischen Wahrheitsforschung (S. 41) Wildhagen, Der bürgerliche Rechtsstreit 1912 S. 58ff., Ernst Fuchs, Juristischer Kulturkampf 1912 S. 60ff.

Tatsachenkenntnis und wirtschaftliche Ausbildung der Juristen (S. 42ff): Gerlach: Was kann geschehen, um bei der Ausbildung das Verständnis der Juristen für psychologische, wirtschaftliche und soziologische Fragen in erhöhtem Maße zu fördern? Gutachten für den 31. d. Jur.-Tag, Verh. Bd. II S. 804ff., mit wertvoller kritischer Literaturverarbeitung, Fuchs 51ff., Heinsheimer in Recht und Wirtschaft I 4ff., insb. über die privatwirtschaftliche Ausbildung Gerland l. c. 885, Warschauer, Banktechnische Ausbildung der Juristen, Beigel, Kaufm. Kenntnisse f. d. mod. Juristen, Obst, Kaufm. Ausb. d. Jur., Bachmann u. a. in Recht und Wirtschaft I 333ff.

Über die psychologische Ausbildung (S. 45 ff.) trefflich Prof. Hans Reichel (Zürich), Über forensische Psychologie 1910, Gerland l. c. 813ff., 859ff., Fuchs, Recht und Wahrheit in unserer heutigen Justiz 120ff., Mittermaier u. a. in Recht und Wirtschaft I 340ff. Eine feinsinnige sozialpsychol. Studie bietet auch Franz Klein, Die psychischen Quellen des Rechtsgehorsams u. d. Rechtsgeltung 1912. Über die Bedeutung der Sozialpsychologie für die Rechtswissenschaft vgl. bes. Stammler, Theorie d. R.-W. 147ff.

Über die juristische Soziologie (S. 47): Ehrlich, Gutachten f. d. 31. d. Jur.-Tag Bd. II S. 200ff., ders. Schmollers Jahrb. 35, 129ff., ders. Wirtschaft u. Recht I 273 ff., ders. Soziologie u. Jurisprudenz 1906, Sinzheimer, Die sog. Methode in d. Privatrechtswissenschaft 1906, Kornfeld, Soziale Machtverhältnisse, Grundzüge einer allgemeinen Lehre vom positiven Recht auf soziologischer Grundlage, Wien 1911. Kritisch Gerland l. c. 817ff., 871ff.

Bedeutung der Präjudizien und der Materialien (S. 48) für die Rechtswissenschaft Rumpf, Gesetz und Richter 120ff., 130ff., ders. Volk und Recht 26, Jung, Problem des nat. Rechts 18ff., 268ff., 325ff.

Die moderne Rechtsvergleichung (S. 49), Meili, Die neuen Aufgaben der modernen Jurisprudenz 1892 S. 34ff., ders. Gesetzgebung und Rechtsstudium der Neuzeit 1894 S. 42ff., Zitelmann, Aufgaben und Bedeutung der Rechtsvergleichung, D. Jur.-Ztg. V 329ff., Klein, Möglichkeit e. Weltprivatrechts, S.-A. aus d. Festschrift f. Zitelmann 8ff. Insb. für d. schweiz. Privatrecht von Wyß sen. 18ff., von Wyß jun. 20, 27, Eugen Huber, System des schweiz. Privatrechts I—III, Erl. I 5ff.

Zur Kritik der geschichtlichen Methode (S. 51ff.): Bülow Ernste und heitere Betrachtungen 56ff., Fuchs, Jur. Kulturkampf 100ff., Jung, Problem des nat. Rechts 219ff., Wieland, Die hist- u. d. krit. Methode in d. R.-W., 1910 und die dort S. 37ff. aufgeführten geschichtsphilosophischen Werke von Rickert und Windelband, Rumpf, Volk und Recht 89ff., für die geschichtliche Betrachtungsweise Ehrenberg, Die d. Rechtsgeschichte u. d. jur. Bildung 1894, Bülow, l. c. 101, 137ff., Wieland, 16ff., Zitelmann l. c. 20, Kipp, Humanismus und Rechtswissenschaft 1912 S. 11ff., vgl. auch Windelband, Praeludien (1912), krit. od. gen. Methode S. 352ff.; jetzt bes. auch Stammler, Theorie der Rechtswissenschaft 759, 774ff. — Über die geschichtl. Methode der schweizerischen Rechtswissenschaft Fr. v. Wyß sen., 15ff., Egger, Archiv f. Rechts- und Wirtschaftsphilosophie II 111ff.

Über Recht und Kultur und die Abhängigkeit der Gesetzgebung und Rechtsprechung von der allgemeinen Kulturentwicklung (S. 55) Kohler, Rechtsphilosophie 23ff., Eugen Huber, Geschichte des schweiz. Privatrechts IV 210ff., Wundt, Über den Zusammenhang der Philosophie mit der Zeitgeschichte, Reden und Aufsätze 1913 S. 1ff., vgl. auch S. 36ff., Rumpf, Recht und Kultur, in Recht und Wirtschaft I 217ff., ders. Volk und Recht S. 58ff. Bäumer, D. soz. Idee in d. Weltanschauungen d. 19. Jahrh. 1910 S. 1ff., 348ff. Charmont, Le droit et l'esprit démocratique 1908 S. 1ff., Tanon, L'évolution du droit et la conscience sociale 1911 S. 105ff.

Die Notwendigkeit einer philosophisch begründeten Wertlehre hat unter den Juristen besonders Stammler betont: Recht und Wirtschaft 2. Aufl. 1906 S. 161ff., ders. Lehre vom richtigen Recht 1902, ders. Theorie der Rechtswissenschaft 1911 S. 262ff., 511ff. Eugen Huber, Soziale Gesinnung, S.-A. aus d. pol. Jahrb. d. schweiz. Eidg. 1912, bes. S. 20ff., Breuer, Der Rechtsbegriff 1912 S. 1ff. — Rumpf, Volk und Recht 86ff., ders. Recht und Wirtschaft II 87ff. — Bülow, Ernste und heitere Betrachtungen 120ff., Windelband, Kulturphilosophie und transzend. Idealismus, Logos I 186ff., ders. Normen u. Naturgesetze in s. Praeludien, Rickert, Lebenswerte und Kulturwerte, Logos II 131ff., bes. 160ff. — Herbertz, Philosophie u. Einzelwissenschaften 1913, Spranger, Wandlungen im Wesen der Universität seit hundert Jahren 1913 S. 25ff.

Kritische Urteile über die R.-W. (S. 58) hat Radbruch in seiner ausgezeichneten Einführung in d. R.-W. 2. Aufl. 1913 zusammengestellt. Vgl. dazu Fuchs, Frankf. Ztg. 1913 Nr. 12.

Über die Besetzung der Gerichte mit Juristen und Laien, Eugen Huber, bew. Lehre 42, 58, Fr. v. Wyß jun. l. c. 11ff., Wildhagen 82ff., Fuchs, Jur. Kulturkampf 162.

Über die parallele Entwicklung in den andern Wisenschaften und in den Künsten (S. 60) Rumpf 58f., Jung 232ff., Lamprecht, Ergänzungsbände, bes. Bd. I zu s. Deutschen Geschichte, ders. Einführung in das hist. Denken 1912 S. 33ff., ders. Zwei Reden zur Hochschulreform 1910 S. 40ff., Auch Einer, Kunst der Rechtspflege, Jena 1909.

GPSR Compliance

The European Union's (EU) General Product Safety Regulation (GPSR) is a set of rules that requires consumer products to be safe and our obligations to ensure this.

If you have any concerns about our products, you can contact us on ProductSafety@springernature.com

In case Publisher is established outside the EU, the EU authorized representative is:

Springer Nature Customer Service Center GmbH
Europaplatz 3
69115 Heidelberg, Germany

Batch number: 10844623

Printed by Printforce, the Netherlands